運命を開く【新装版】

安岡正篤

人間学講話

プレジデント社

安岡正篤――人間学講座

運命を開く

始終訓

一、人の生涯、何事によらず、もうお終いと思うなかれ。未だかつて始めらしき始めを持たざるを思うべし。

一、志業は、その行きづまりを見せずして一生を終るを真実の心得となす。

一、成功は、一分《いちぶ》の霊感と九分の流汗に由る。退屈は、死の予告と知るべし。

右　先哲遺言《いげん》　安岡正篤録

活人　活学

「人間」を創る

養生と養心

活人　活学

現代に生きる「野狐禅」——不昧因果の教え

因果の法則を味《くら》ますな

この頃の思想家・評論家には、解放とか自由とか人道とかを、さももったいぶって説きたてて、そして祖国日本に毒づく変な流行があります。私はそういう人々の言論に接すると、よく「野狐禅」というものを思い出すのであります。これは禅の名高い公案の一つでして、それの出ている本の中で一番よく知られておるものは、名高い『無門関』という禅書であります。公案というのは、つまり禅に参ずる者が、それを解決して自分の悟道の修行にする問題であります。

禅は達磨《だるま》以来、始めのうちは特に一宗一派を立てたものではなく、たいていどこかのお寺であるとか、気に入った山中の洞窟などに自由に生活して、気の向いたままに俗を離れて思索修行したものであります。その禅風が広まるにつれて、どうしてもそれでは不便で、やはり定住の形体を求めるようになりまして、自然と禅寺というものができ、禅宗と言われる教団が発達したのであります。

禅にそういう組織形体を作り出した最初の功労者に百丈《ひやくじよう》和尚という人があります。この人は唐の時代、今から千二百年ほど前の名僧ですが、この百丈和尚中心の集まり、これを会《ゑ》と申しますが、この百丈和尚の会に参じておりました一老人がありました。これは、その寺の後ろの山に住んでおった野狐の精であって、それが人間の形を借りて百丈和尚の説教を聞き、ついに解脱したという話であります。その話はこうです。

百丈和尚凡参《はんさん》の次《ついで》、一老人有り。常に衆に随って法を聴く。衆人退けば老人亦《また》退く。忽《たちま》ち一日退かず。師遂に問う。面前立つ者は復《ま》た是れ何人ぞ。老人云く諾《はい》。某甲《それがし》は非人なり。過古迦葉《かしよう》仏の時に於て曾《かつ》て此山に住す。因《ちなみ》に学人問う、大修行底の人還因果《またいんが》に落つるや無《いな》や。某甲対《こた》えて云う、不落因果。五百生《せい》、野狐身《やこしん》に堕《だ》す。今請う、和尚代つて一転語し、貴《ねが》わくば野狐を脱せしめよ。遂に問う、大修行底の人還因果に落つるや無や。師云う、不昧《ふまい》因果。老人言下《ごんか》に大悟す。

〈無門関第二本則〉

いつも百丈和尚の講席に皆と一緒に聴聞する一老人がおった。「衆人退老人亦退」皆が退席すれば、その老人もまた退席する。何も変わったことはなかったのですが、ある時、皆が退席しても老人だけが退席しない。かねて普通でないと看破しておった百丈が、「お前は普通人《ただもの》ではあるまい」と問いますと、彼は、

私は非人なり、即ち人間ではありません。私はかつて此の山に住しておったのですが、ある時、「大修行底人還落因果也無」大修行底の人もなお因果に落つるや否や――非常に修行した人間でも因果の法則というものにやっぱり支配されるか、どうか。俗人は皆、因果の法則に支配される。しかしながら、非常な修行をすれば、俗人が支配されるような、そんな因果の法則に支配されないものではあるまいか。火に入って焼けず、水に入って溺れずというふうになれないものかと問われて、私は「不落因果」――即ちそんな俗人の支配されるような因果の法則に支配されるものではない、と答えました。そのために「五百生堕野狐身」。永遠に野狐の身になり下がってしまいまして、どうにもなりません。今どうか和尚さまより何か本当のお言葉、答えを教えてください。それによって、この野狐の苦痛を脱したいのです、と打ち明けました。

すると和尚は、「師言。不昧因果」――即ち「不落因果ではない」、「不昧因果」である、と教えました。

「老人於言下大悟」老人言下に大悟す。「これで自分は悟りました。野狐身を脱しました。

自分の亡骸は、この山の後ろにありますから、どうか和尚さんに申し上げますが、死んだ者のしきたりに従って葬ってください」――と言って消え去りました。

　これは実に面白い。面白いといっては相済まない、痛切である。これに感動して、これに覚るところがあって、あの松江の殿様、お茶で有名な松平侯の「不昧《ふまい》」の号もついたわけであります。

　公案では、このあとに二、三問題がありますが、それはここに必要ありません。

　これについて無門和尚は「不落因果、なんのために野狐に堕す。不昧因果、何のために野狐を脱す」――不落因果で、どうして野狐になったのか。不昧因果で、どうして野狐を脱れたのか。この話の中に心眼を開かねばならぬ――と申しております。

　修行するということは、これは今に至るまで一般に誤解することなのですが、なにも我々一般の生活、日常の生活、現実の生活、そういったものを離れて、山の中か何かで特別の生活をすることのように考えたり、さらにまた、何か一般人が支配されるような、そういう因果の法則から解脱してしまう――火に入っても焼けず、水に入っても溺れぬようになる、奇蹟を演ずる――そこに偉い修行というものがあるのだ。こういう考えが、やはりその当時にも、こびりついていたものと見えまして、このことを問うたのに対して、「不落因果」は、それを肯定したわけです。それは偽《いつわ》りである。人を騙《だま》したことである。

人を騙す代表は狐狸であるから野狐になってしまった。これは非常に面白い。

そこで何と答えることが真実であるか。

百丈和尚は「不昧因果」と答えた。

大修行をするということは、因果の法則を無視するとか、因果の法則を超越するというような、そんな意味ではなくて、この複雑極まりないところの因果の法則というものは、実は普通の人間にはわからない。その因果の法則をハッキリさせること、ごまかさないだけのことである。

何も大修行といったとて、奇蹟を演ずることではない。平たく言うならば、不養生をすれば病気をするものだ、悪いことをすれば心が悩むものだ。これは一つの因果である。普通の人間は、病気をすれば医者もある、薬もある、俺は大丈夫だというふうに考えて、漫然と不養生を続けておる。そうして病気になると大騒ぎをする。こういうのは一つの「昧因果」である。因果に暗く、また、昧《くら》ますものです。そうして、そのために、いつでもばかばかしい因果の法則の手に落ちてしまう。そうではなくて、不養生をすれば病気をするという因果、それをハッキリさせる、いい加減にしておかない、これが一つの「不昧因果」です。そうして、ハッキリその因果の法則に従って実践する——これが修行です。

つまり、科学をはじめ、すべての学問は「不昧因果」であるわけです。

だから、我々の平凡な日常の生活からでも大修行はあります。

我々は、なかなか衛生という因果一つ明白に行《や》れないではありませんか。大にしては戦争というものが、どういうものであるか。どういう戦争の仕方をしたら、どういう結果になるのか、またどういう敗戦をすれば、どういう困窮に国民が落ちるものであるのか。そのためには政治家は、どうしなければならないか。事業家は、どうしなければならないかというようなことも、即ち因果であります。この因果の法則に暗かったために、今度の戦争が滅茶苦茶な敗戦になって混乱を来したわけです。

かつての日本人は、「戦には負けない。外国と戦って負けたりなんかはしない。危ない時は神風が吹くんだ」と考えた。これが「不落因果」であります。かつて日本人は不落因果の思想を持っておったわけです。これについて「不昧因果」が出来れば、決してこんなことにはならなかったのでしょう。

しかし、それは簡単なようなことであって実際には非常に難しいことで、それをよくやってゆくのが大修行底です。ですから禅というものは奇蹟を演ずることではなく、まことに、この我々の、日々の生活の理法というものを曖昧にしないで明確にして、そうして真実にやってゆくことにほかならない。

今は世界の危局も、日本の行き詰まりも、皆このごまかしから来ておるのです。ソ連や中国などは、そのごまかしの徹底した行者で、解放の名において民衆を奴隷化し、平和を宣伝して相手方を安心させ、その虚に乗じようというふうに、すべて恐るべき詐術です。それを知ってか知らずか、中ソを謳歌して、彼らに従えば奇蹟のような理想世界ができるように主張する。実に、とんだ〝野狐〟であります。

山田方谷の理財論

現在、皆が悩んでいる経済の行き詰まりも因果を無視した〝野狐〟の苦悩です。

幕末、備中松山（現・岡山県高梁市《たかはし》）に山田方谷《ほうこく》という哲人がありました。この人は〝貧乏板倉〟と言われたほどのこの藩（板倉藩）を徹底的に刷新して、経済的にも精神的にも大事業をやりとげ、何も知らない旅人でも、足を板倉領に踏み入れたならば直ちに、これは音に聞く板倉領だなと気がつくと言われるほどの実績を挙げた人であります。

藩主の板倉勝静《かつきよ》が後日、幕政に与《あずか》ったことがあります。ある時、板倉公に従って登城した山田方谷を顧みて、公が江戸城の規模の大を自慢されて、「どうだ、田舎から出てきてこのお城に来ると、お前も感心するだろう」と言われた。ところが方谷は静かに、「貴方はそうお考えになるかもしれませんが、この江戸城も大海に浮かぶ船の如きもので、底は恐ろしい荒波ですよ」と答えて、公は愕然として色を失ったと言われております。

また、ある日は、藩邸で一同雑談の際、方谷は、「幕府も、もうどうにもならない。家康公が仕立てられた着物みたいなもので、代々着古したものを、吉宗公（八代将軍）が仕立て直し、また、それを着古して、もはや生地《きじ》が傷んで仕立て直しもきかん」と言われたので、満座、色を失った。そういう慧眼・達識の人であります。

この人に卓抜な「理財論」があります。「理財の密なる、今日より密なるはなし」世の中は挙げて経済の話である。「而して今日より窮せるはなし」で、そこで、およそ取れるものは何でも税をかけて取る。減らせる費用は何でも減らす。それでいて政府の倉は空で、「積債山の如し」である。

そもそも、天下のことを処理する者は、問題の外に立って、問題の中に屈すべきものではない。理財もまた然《しか》り。理財の中に屈してしまってはいけない。しかるに今の財を理《おさ》める者は、即ち財の中に屈して、万事只々経済経済で、それより外に出られない。人心の頽廃も政治の堕落も何も考えないで、ただもう経済の心配ばかりして、ますます窮しておる。その心の持ち方を一変して、どうすることが正しいかという道義に目覚めなければ、経済は救われるものではない。「利は義の和」である。道義を実践してゆくことが、結局、大利になるのだ、ということを論じております。

我々がいかに不昧であるか、それとも、いかに不明であるかということを考えますと、これは慄然《りつぜん》たるものが多い。やはり人間は学ばなければいかん。どんなに偉い人でも学ばなければ気がつかんのであります。学問することによって初めて気がつくのです。つまり不明が不昧になるのです。むしろ、出来れば出来るほど、経験を積めば積むほど、やはり学ばなければならない。ところが人間は少し成長し、少し仕事をするようになると、学ばなくなる。学ばなくなるから不明になる。だから「不落因果」とたかを括《くく》ってしまって皆、野狐身になる。あげくのはてには、政治的に言うと、敗戦降伏のような大悲劇を演ずることになる。爾来、日本人は十数年にわたって野狐身に堕して来たといってよろしい。今国民の目覚めた人は真剣に「和尚代って一転語し、貴《ねが》わくば野狐を脱せしめよ」ということを皆迫っておると申してよろしい。

　我々は、これから本当に自分に対し、家に対し、国家に対し、民族に対し、みずからの不明を恥じて「不昧因果」——松平不昧侯ではないが、皆「不昧人」にならなければならない。これが学問教育の本筋であります。

家康と康熙帝——守成の原理について

国家興亡の四過程

私は元来、日本やシナを中心にして、民族興亡の歴史哲学、政治哲学を専攻してまいりました。ちょうど、皆さんが、政治家としての長いご体験で、体で、政治的直感が鋭敏になっておられるように、私も専門の勉強を四、五十年続けておりますので、大工左官の爺や、八百屋、魚屋の親父と同じように、この問題に関しては勘が鋭敏になっております。

今日、政治の細目などは、現に皆さんが日常それと取り組んでいろいろ苦労をしておられるので、その根本にある原理、原則、栄枯盛衰の根本のような問題を少しお話しして、ご参考に供してみようと思う。

第一に申し上げたいのは、栄枯盛衰の過程です。これは東洋の方も西洋の方もまず一致したことでありますが、家にしても、学問、芸術のようなものにしても、あるいは国政にしても、どうして興《おこ》り、どうして傾き、どうして滅びるかという過程を観察しますと、大体四段階に分けられます。

第一は、専門用語で申しますと、「創業垂統」、垂統は伝統と申してもよろしい。

つまり何もないところから仕事を始めて、それを線香花火のようなことに終わらさず、後々まで永く伝わり、永続していくようにもっていくことです。「創垂」などという熟語がございますが、ここから出たのであります。一時で終わってしまうような事業はだめで、弟子なり後継者が永く継承していけるように作り上げることがたいせつなことであります。これが、なかなかうまくいかない。

偉い人が創業垂統をいたします。その後に大体どういうのが出てくるか。通常、専門的に申しますと、「継体守文」ということになります。それは先代が残した組織体を継承して、そこにあるいろいろ出来上がった内容——国政でいうならば、法令とか制度とかを守っていく、こういう人が出てくるのであります。これを別の言葉では、「保業守成」とも申します。既成の業を保ち、成果を守って完成していく、これが「保守」という意味であります。「創垂」のあとに「保守」がくる。ちょうど徳川家康という人の創業垂統を受けて秀忠（二代将軍）が出てくる。これは継体守文、あるいは保業守成でありまして、家康がやったことを大体受け取って、それを固めたというようなものであります。

ところが人事というものは、自然現象も同じでありますが、変化に富むということがなかなか難しいことで、とかく惰性的になる、あるいは因襲的、コンヴェンショナルなものになるのであります。すると、自然に生命が乏しくなり、溌剌たる趣がなくなり、とかく型にはまってくる。「継体守文」という、継とか守とかいう字が表しておりますように、二代目になりますと、型にはまり、堅実だけれども、生き生きした力の感、変化の妙味というものがなくなる。

これが、もう一段コンヴェンショナルになると、因循《いんじゅん》姑息《こそく》、つまり先例しきたりに倣って、無事第一主義、事なかれ主義、まあまあ主義となる。「姑」という字は、女が年を取って、安全第一主義になったことをいうのでありまして、〝まあまあ〟という文字であります。「息《そく》」は、息《いき》ではなく、〝やむ〟ということです。こういうことになる。すると、意気地がなくなり、眠たくなり、ちっとも面白くなくなってきて、そのうち悪くすると動脈硬化になり、脳溢血を起こしたり、心臓障害を起こしたりするのであります。即ち因循姑息に次いで来たるものは、必ず漸衰と衰乱であります。

どうも、創業垂統はいつまでも継体守文で続かぬ。ある時期が来ると、必ずそれがマンネリズムに陥ってしまって、無力になって、それに対する反動、自家崩壊というようなものが生まれます。千年王国、ミレニアムは夢にすぎぬことになります。

古今東西の歴史は、大きく見てくると、この創業垂統から継体守文、因循姑息、衰乱滅亡、その果てにまた創業垂統、これを性懲《しょうこ》りもなく繰り返しているといえるのであります。

それは、日本の数々の史書、『日本外史』とか、『大日本史』とか、シナですと、『史記』とか『資治通鑑《しじつがん》』とか、西洋で申しますと、プルタークとか、ギボンの『ローマ帝国衰亡史』、第一次大戦後のオスワルド・シュペングラーの『西欧の没落』とか、今度の大戦の後には、世界的センセイションを起こしましたアーノルド・トインビーの『歴史の研究』とか、こういう書物にはっきり叙述されておりまして、まことに古今東西その軌を一にするものがあります。

創業者は垂統に拙い

いわゆる永遠の生命、永久の繁栄、万世の太平ということを考えますと、いかにして創業時代の新鮮溌剌たる生命をよく維持しうるか、ということであります。何事によらず、踏み出しというものは非常に難しいものでありますが、踏み出しが成功したときに、それを維持し、発展させていくことも、やはり難しいことであります。どうも案外早く意気地がなくなり、型の如く決まってしまって、不平不満が始まり、ごたごたしてくる。それをいかにして防ぎ、常に新鮮に、また変化に富ませるか、多くの人間に感激、希望を与え、これを維持していくかということが根本的な意味において政治の要諦です。

歴史を検討してみますと、英雄とか偉人とか言われる、いわゆる革命建設の偉大な人物は、やはり非常に考えております。いかにしてせっかく創業したものを立派に維持していくか、発展させていくかということ、つまり創業垂統に非常に苦心をしている。ところが、その創業の英雄は割に多いが、垂統——あとあとへそれを伝えていくというはかりごと、あるいは見識、ということになると、歴史上の経験を見ると、案外うまくない。

言い換えれば、せっかく偉大な創業をしても、その人自身、垂統に拙い。秦《しん》の始皇帝《しこうてい》をもってしても、政権はたった十年余り。「朕より始めて子孫万世に到らん」と言って、自ら「始皇帝」と号したのですが、たった十年余りで滅んでしまいました。

最近ではご承知のように、ヒットラーがナチス政権を樹立したのが一九三三年で、四五年で倒れたとして、その間を勘定すると十五年足らずです。始皇帝と同じことです。ムッソリーニがやや古いけれども、大同小異、案外もたない。内閣でもそうです。内閣はなかなか十年十五年ともちません。案外早くがたがたするものであります。

せっかくの創業が何故うまくいかないのだろうかと検討してみますと、ここにまたいろいろの原則、理法があります。これは興亡哲学、あるいは興亡科学と言っていい、非常に面白いところであります。

平たく申しますと、大体、創業、今の言葉で言うなら革命建設といいますか、動乱のあとを受けて革命建設をやってのける人物は、荒削りの人物です。

非常に覇気の盛んな、即ちヴァイタリティからいいましても、メンタリティからいいましても、意気盛んなアンビシャスな、また、スケールが大きく、小事にこだわらない――こういうのが大体の型です。あまり警戒心の発達した、小手先のきくというような人では、動乱に際して、思い切った革命建設の仕事はできない。相当冒険のやれる人でなければできない。「風雲児」という言葉は非常に面白い言葉だと思います。天気のいい、風も静か、波も穏やかな、というのとは違って、狂風乱雲をくぐり抜けていこうという、また自から風雲を捲き起こしもするわけです。これは荒削りの、勇気のある、冒険性を持った人物でなければやれない。

偉人の中にはいろいろタイプがあります。宗教的な偉人、聖者、それから哲人、つまり賢者、それから英雄というようなタイプの偉人、このようにいろいろのタイプがあるわけで、それがまたいろいろに組み合わさっておりますから、バラエティがあるわけです。

大体、革命建設は英雄型の人間、風雲に乗ずるといったような風雲児型の人間によるのが常であります。こういう人物が幸いに成功して、政権、支配権を握ると、やはりどうしてもいい気になる、得意になる、慢心する、油断をするという傾向がある。また、その主人公よりも、それを助け動乱の中から革命建設することに与《あずか》って非常に苦労をした、いわゆる功臣、その中でも側近、そういう者が、より多くいい気になる。つまり驕《おご》りです。そうすると、どうしても良心とか理想とかが奥へ引っ込み、人間の本能、情欲というものがだんだんむき出しになってくる。つまり気位《きぐらい》が高まる。驕りからやがて奢《おご》りになって、非常に享楽的になる。飲めや歌え、酒だ、女だ、金だということに、どうしてもなる。

すると、人間の良心とか反省とか理想とか、それに対しての節義とかいうものがなくなり、本能的、衝動的になるから、期待をかけていた、あるいは憧れていた、尊敬を払っていた大衆が、失望し始めたり、反感を持ったりするようになる。

内部的には、その主人公をはじめ側近の面々の中に、猜疑心、嫉妬心、あるいはいろいろの批判軋轢《あつれき》、闘争という紛糾が生じてくる。マルクス主義者の言葉で〝資本主義社会の内部的矛盾性〟というものであります。内面的矛盾崩壊の危険性が生じてくる。そして内部的な弱点と外部的な反感や批判、これが相俟《あいま》って、急速に弱点を強めていく。かくして多くは意外に早く転覆するのです。

道義性培養に成功した家康

創業の人物がその創業とともにどういう態度をとるか、また部下をどう統率していくか、は決定的な問題である。その点、我々の非常に参考になるのは、日本で申しますと織田信長、豊臣秀吉、徳川家康であります。

信長という人は、ほんとうに革命建設の英雄です。ところが非常に早く没落した。あの人は多分にエキセントリックなところがある人で、あまり自制、セルフコントロールのできなかった人です。非常に衝動的で、英邁であるが、暴走する人です。安国寺恵瓊《あんこくじえけい》（僧出身、安芸の国の戦国武将、一六〇〇年没）の評語で申しますと、「高ころびにころび申すべく」、高足駄《あしだ》を履いてひっくり返るようなことになる人です。その通り高ころびに転んだわけです。

このあとを継いだ秀吉は、大風呂敷の英雄、荒ごなしの名人であります。これもやはり天下を取ってからは、どうも功に驕って非常に享楽的になった。あの若かりし日の建設的意欲、勤労忍耐の努力はすっかり弱まっていた。

信長と秀吉を通じて一つ明らかに欠けているものは何か。それは、部下を訓育するということ、学問教育を興す、風俗、精神を養うということ、これが欠如している。

つまり、政治を行う上に「精神性」というものが、信長にも秀吉にも全然ない。ところが、革命建設を成功させ永続させるために、どうしてもなければならぬことは、今のような原理に従って、その弱点を救済する「精神性」であり、結局「教え」というものであります。これがないと、古今東西、軌を一にして、必ず結果は見えすいている。没落は時の問題なのであります。

その意味において偉いのは家康です。

家康は、天下を取ると、信長や秀吉とまるで違う。天下を取って得意満面というところが一つもない。年のせいもあるかもしれないが、非常に落ちついて鷹揚であって、「見ろ、やったぞ！　皆もご苦労だった！　大いに酬いてやるぞ、喜べ！」というようなところが一つもない。そこは信長でも秀吉でも、おかしいくらい、子供らしい。それだけ、また人に愛されるのかもしれませんけれども、調子がいい。得意満面、意気揚々たるものがあるのですが、それが家康にない。そして、これは申し上げるまでもないことですが、世界の歴史に政権をとって、三世紀近くも維持して、秩序と平和を保ち、国民文化を高めたというような例はないのです。たいてい十年か二十年、あるいは三十年か五十年でごちゃごちゃになる。家康はその点、実に偉大です。

日本が地政学的にもよかった、つまり、四面海に囲まれて侵略を受けることから防がれていたためだという説もありますが、これは一知半解であります。そういう場合には、また頽廃が速く、内乱が多い。世界の興亡の歴史を調べますと、外敵の侵略よりは内乱で滅んでいる方が多い。内部闘争というのは案外厄介なものです。ことに日本のような島国では、内部的に非常に腐敗しやすく、内乱が起こりやすい、いわゆるお家騒動が大なり小なり起こりやすくて、どちらにしても政権は維持しにくいが、徳川氏はあの驚くべき長期政権を維持したわけであります。全く世界に比類のない成功であります。

家康の施策は、頼朝《よりとも》に負うところが非常にあった。家康は非常に勉強している。つまり、歴史および政治哲学を修めている。

まず〝旗本〟を良く遇した。旗本は側近、親衛隊であります。実はヒットラーも親衛隊で成功して親衛隊で滅んだと言っていいわけですが、この親衛隊、即ち旗本をいかに遇したかというと、これにプライドを与え、同時に、節義というもの、つまり一種の階級道徳を奨励して、経済的にはこの連中が贅沢して堕落できぬように万石以下に抑えてしまった。大体五、六百石から三千石、五千石どまり。

それから〝譜代の大名〟は、普通ならばもっと重い恩賞が行われるべきなのですが、これに政治権力を与え、つまり政治的満足を与えて、待遇は多数の家来を抱えて体面を維持していくことがやっとという程度、よほど苦心して自分の与えられた領地の開発に努力しなければ自分の特権が維持できないように仕向けて、万石以上十万石どまり、大体二、三万石から五、六万石としている。

そして、本来ならば取り潰されるべき〝外様《とざま》〟には、つんぼ桟敷《さじき》にしておいて、三十万石、五十万石、百万石を与えている。これによって、その大名どもは、どんなことになるかと思っていたのが、助けられたばかりでなく、予想外の待遇を受けたものだから、安心と気の弛みと、それから発するところの享楽、頽廃を型の如く急いでしまった。

それに周到なスパイ政策が行われていて、その諜報に基づいて、抜き差しならぬ弱点を押さえると、びしびしと取り潰していったわけであります。厳しく監視されるものですから、譜代の大名などもますます緊張する。旗本は側近におって非常なプライドは持つけれども、これも勉強しなければなかなか追いつかないという仕組みにして、そして精神生活の奨励、学問、教育、道義の奨励を盛んにやった。

家康みずから身をもって範を示した。たとえば、大老土井大炊頭《どいおおいのかみ》が緊急政務で家康のところに罷《まか》り出ると、長いこと待たされる。そこで、じりじりして、「今何をしておいでになるのか、どなたがお越しになっておるのか」と側近に聞くと、「天海僧正と御法談中だ」などということがしばしばある。「また御法談か」と言って、仕方がないので帰っていく。

というのは、必ずしも家康がこのような宗教や学問に夢中になって政務を疎《おろそ》かにしたというのではなく、〈政治というものには「教え」つまり精神性が必要なのだ。人間は学問修養しなければ本当の政治家にはなれぬ〉ということを、口で言うたのではなかなか聞かないから、体で教えたと思うのです。これは有名な逸話です。

これが効《き》きまして、大小二百六十余藩あったが、とにかく徳川時代の藩政は実に立派なものが多い。名君、賢宰相と言うべき人物が輩出しておる。徳川時代に行われた民衆に対する善政というものは、世界の歴史に実にゆかしい光輝を放つものです。

皆さんのあまりご存じのない例をとります。水戸は、光圀《みつくに》をはじめとして、最も家康の注文通りの政治をしたわけですが、この水戸学の大家の一人に小宮山楓軒《ふうけん》（昌秀）という人がいた。寛政頃の人ですが、当時、水戸藩領の一郡十四カ町村ほどが始末の悪い所で、貧乏と怠惰と博打《ばくち》と喧嘩《けんか》、あらゆる悪事の巣窟で手のつけようがなく、さすがの水戸藩でも手をあげていた。その郡奉行に選《よ》りに選ってこの小宮山楓軒が派遣された。

楓軒先生が十数年かかって、この手のつかぬと言われていた、あらゆる悪事の巣窟であった十四カ町村を、逆に立派な、勤勉な、富裕な地方に根本的に改めてしまった。これは全く教育と善政の力です。これなどは、もし外国文ででも書いて世界の学会に紹介すれば、おそらく奇蹟と言われるだろうと思うのです。そういう例はざらにある。私は若い時、そういう徳川の代表的な善政を行った藩政の研究を続けたことがありますが、ほんとうに感服すべき実例が多い。これは皆、家康の方針に始まるのであります。

とにかく、学問、教育を盛んにして、政治家に精神性、道義性をいかに培養するかということが秘訣でありまして、これに家康は成功した。これが家康をして世界に類のない長期政権を成功せしめた所以《ゆえん》であります。

第一に主人公みずからが大いに今のような反省をして態度を新たにすること。通則である驕り、我儘《わがまま》、頽廃ということを戒めて、まず側近から締めてかかる。これができるとできないとによって運命が決まると申してよかろうかと思います。

康熙帝のインテリ操縦法

次は、いかにして国民を指導していくかということ、要するに思想宣伝の問題があります。

昔から為政者は皆、非常な苦心をしております。お話しするときりがないのですが、その中に一つ面白いことがある。昔から政治にとって一番の難物は何か、これはいろいろ政治史の書物を読むと、面白い問題です。

一番厄介な問題は、思想家とか評論家とか学者という連中なのです。これは、はなはだ難物で、この連中の協力を得るか得ないかによって非常に違ってくる。これは古今東西を通じて一つの原則的な問題です。現在の自民党をとって考えても、その一大欠陥は、この点にあると思う。思想家とか評論家とか学者というものをつかまえることがまことに下手《へた》で、そして言論を野放しにして、どちらかというと反対側にすっかり利用されてしまっている。

一つ面白い例を挙げると、シナ四千年の歴史で、東夷《とうい》、西戎《せいじゅう》、南蛮《なんばん》、北狄《ほくてき》といって、漢民族は非常に自負心が強く、異民族を軽蔑したのですが、その漢民族が満州民族に徳川時代と同じく三百年近く支配されていた。即ち清朝の支配を受けていた。しかし、事実、治まったのはやっと半世紀で、あとは動乱続きで、その点は家康の時代とまるで違う。しかし、とにかく漢民族からいえば夷狄《いてき》の支配を三百年も受けたのです。この征服者の中の皇帝康熙《こうき》（一六五四〜一七二二）にだけは、征服者つまり敵の首領であるということを忘れて敬服してしまった。完全にこの皇帝には参った。これも世界の政治史上類《たぐい》まれな例です。これは家康と同じ調子で成功した人です。

康熙帝のことを、漢人は聖帝と言っている。しかし政治にかけては老獪《ろうかい》無双です。康熙帝が思想家とか学者とか評論家をどう処理したかというと、民衆が軽蔑しているような人格のない変節漢、つまり道義性のないような思想家、学者はびしびしと処罰した。そして国民から尊敬されておるような優れた思想家、学者を、全国から一人も漏らさぬようにと申していいくらい地方官に命令して実によく調べ上げて、この人たちにいろいろの仕事を与えている。礼を厚くしてもち上げて、その仕事も、たいへんな辞典の編纂であるとか、いろいろの叢書とか全集の編纂、註釈、考証をやらせた。うんともち上げて彼らの名誉心、自負心というものに最大の満足を与えておきながら、実は非常に徹底した知的労働者にしてしまった。

気概をわかして熱論を政治に試みるようなことは忘れ、こつこつと本の虫、文章の虫になるような知識労働者に全部追い込んでしまった。ここで『康熙字典』をはじめ、いろいろの大編纂物ができた。これで、うるさい思想家だの学者だのは、すっかり康熙皇帝に参ってしまって、言うことをきいた。これは今日でもそうですが、今の日本の思想家だの評論家だのジャーナリストだのプロフェッサーなどを共鳴させる、その撫で方もご承知ないというのは、まことにどうも、と思います。

幡随院長兵衛は労働組合長兼職業紹介所長

労働問題も古今東西の政治家が皆、非常に苦労したことです。封建時代は労働問題がなかった、などと馬鹿なことを言う役人やプロフェッサーなどもいるが、とんでもないことで、形こそ変われ、労働問題というのは常に存したものです。

ことに封建時代の労働問題は非常に深刻なもので、諸大名が江戸に参覲《さんきん》交代してくるのは、そのこと自体非常に大きな労働問題です。そして幕府は、諸藩の大名を財政的に巧妙に搾取をしていて、江戸城の修築とか、東照宮の造営とか、何とか神宮の改築とか、ありとあらゆる土木工事を負担させている。

第一、江戸城に毎日出仕するのが、たいへんなことで、桜田門とか馬場先門とかに諸大名が駕籠《かご》を乗りつける、そのときに駕籠かき人足がまずいと、今日のタクシーと同じことで、うまいのはすっすっと入ってしまうが、まごまごしているのはあと回しになって、駕籠の中で大名がいらいらするが、どうにもならぬ。大名はいかにして優秀な労働者を確保するかということに非常な苦労をしたものです。そこに発達したのが侠客《きょうかく》制度というものです。あの幡随院長兵衛とか清水次郎長とかいう連中は、今の言葉で言うならば、労働組合長であり、無料宿泊所長、職業紹介所長であって、それを一身に兼ねたのが親分というわけです。

つまり、労働者というものを、労働者にしないで、身内、家族にして、そして親分、子分、兄弟分というふうに精神性を持たせた。今日それをやっているのが共産党です。タワリシチ、同志、兄弟、つまり昔の幡随院長兵衛とか清水次郎長を今のスターリンやフルシチョフ、毛沢東が皆やっている。それを、あの連中は早く封建時代にやっていた。そして労働者を労働者にしないで、精神性、道徳性を持たして、駕籠かきであろうが、土方であろうが、身内を代表する一つの道徳的行為者にしてしまった。へまをして、身内の名折れになる、親分の名を汚す、兄弟分に相済まぬというので、連中は非常な感激と責任を持って自分たちの労働をやった。労働を道義にした。そういう親分や兄弟分をうまくつかまえて引きつけるのが、諸藩の中の優れた家老の役目です。だから、諸大名は親分や兄弟分の優れた男と始終人間的に感激をもって付き合っていく――それができた大名は成功している。労働者を労働者にして、いい加減にしていた大名は皆だめです。これは昔も今も変わりない。

たとえば、出光興産はあれだけの大会社ですけれども、社長が労働組合を作ってもかまわぬと言っても、社員が組合を作りはしない。こういう例は、私の知っているだけでも五つも六つもあります。それは経営者の心がけ次第です。何も労働問題というものに悩むことはない。やはり経営者、資本家の心がけが悪かったから、こんなことにしてしまった。そういうことを、世界の歴史はいやというほどお手本を示している。同じ失敗を始終繰り返しているわけです。

漢字のマネー哲学——金を負《たの》む者は負《ま》ける

「挨拶」の本義

我々の文字とか言葉というものは、決して単なる符号とか、単に意志を疏通する手段にすぎないものでなく、もっと生命もあり、精神のこもったもので、昔から言霊《ことだま》と呼んで、霊という字を当てはめるほどの生きものです。それですから、世界のどこを見ても、優秀な民族は必ずその民族の言葉、文字を非常にたいせつにしております。その国民の使っている言葉、文字、したがって文章、詩歌を見れば、大体その民族の値打ちがわかると言われるくらいのものです。

言葉、文字というものは、民族の精神的価値、文化的価値を象徴するものでありますから、日本の国が栄えるためには、それを良くしていかなければならないことは、当然のことです。しかるに残念なことに、現代の日本ほど、そのたいせつな言葉や文字を乱用し、無視し、粗末にしているところは、ちょっと他に類がないと言われております。

煩わしいことは申しませんが、大体人間というものは、ちょっとした言葉や文字に、意外なほど支配されるもので、名高い王陽明の手紙の中に「人生のこと万変と雖《いえど》も、我々がこれに応ずる所以《ゆえん》は、喜怒哀楽のうちを出ない」と言っております。つまり日常我々が喜んだり怒ったり悲しんだりする、そういう簡単な喜怒哀楽の中に人生があると申してよろしい。今日は愉快であった、癪《しゃく》にさわった、ということが、突きつめてみれば日常生活の内容であります。これをさらに推し進めると、あいつこう言った、どう言った、あの人からこんな話を聞かされた、というちょっとした挨拶、会話、応対、そういうもので大きく支配されます。本当に一字一語というものは、たいせつなものであります。

また思想だの言論なども、突きつめてゆくと一字一語に帰すると言い得るのであります。その点において進歩練達しているものの一つは禅であります。名禅家の特徴は一字一語の間に、人間を活殺自在に扱っておる。禅機と言って、その点きびしたものである。私ども日常生活でも、ちょっとした会話、ちょっとした手紙によって、非常に感じたり悟ったり、あるいは悔んだり怒ったり、いろいろ変化するわけであります。ちょっと一語を間違えるとたいへんなことになり、またちょっと一字に成功すると非常な感化があるものです。

笑い話になりますが、ある人の子供が就職したので、田舎の友人に「豚児幸い何々に就職しました」と書いて知らせてやったところ、その返事に「御令豚様には」と書いてあって驚いたそうです。自分の息子を〝豚〟と言っても、相手の子供を〝豚〟じゃ困る。その一語で手紙を壊してしまう。

また明治の宰相・大隈《おおくま》（重信）侯爵に、ある重要な地位の斡旋《あっせん》を頼んだ人が、どうしたのか偏《へん》を間違えて、大猥と書いてしまった。大隈侯はたいへん怒ってしまって、そんな者は世話をせんということになってしまった。阝《こざと》偏と犭《けもの》偏とを間違えたため自分のポストを失ってしまったことになるので、このことは全く重要なことであります。

人の挨拶もそうであります。気のきいた挨拶ができなければならない。それにはよほど人間ができ、教養ができてこないと、よい挨拶よい辞令というものは出てこないものです。こういう学問が大学にあってもよいと考えます。政治家・外交官・実業人などは特に必要です。

一体「挨拶」という言葉を毎日使っていますが、その意味を知っておる人は、ほとんどないと言ってよろしい。

「挨」という字も「拶」という字も、なかなか難しい文字です。この挨とか拶とかの意味は、もともと〝物がぶつかる、すれあう〟という文字で、物事がぴったりすることを「挨拶」と言います。相手の思っていることに、ぴたりと的中するような言葉が出なければならない。この意味で「ご挨拶痛み入る」というのは面白い言葉であります。本人の痛いところをピシッとやられたときに出るものであるから「痛み入る」わけです。間の抜けた、とんまなものの言い方、文書の書き方、表現では問題にならない。政治にも商売にもならない。挨拶で思うところにピタリと当てはまる言葉が出せるようでなければなりません。

　こういう意味において、文字言語はたいせつな意味のあるものであります。そしてその根本をなすものは、やはり文字です。そこで説文《せつもん》学というものが、昔から発達しておりますが、近代において、こういう学問をやる人が少なくなり、誰もが文字を使いながら文字の本義を知らない。知らないから使い方も乱れ、間違えるのです。

「姦」は〝多くの女を操縦する〟

　我々の使っている文字、漢字というものは、大約すれば四種類に分かつことができます。第一は、「形象あるいは象形文字」というもので、形を文字に直したもの、絵画が文字になったもの、古代人・原始人の素朴な描写が次第に発達して、文字に変化したものです。こうして出来た文字は、皆さんのよくご存じの☉・☽・巛などです。これを子供に教えると絵と関連してよく覚えます。

たとえばが地平線（一）の上に現れると「あさ」「たん」旦という字で、ずうっと上に昇っていって、森の中くらいまで来ると木の象形文字と合わさって、東という字、その日が森の上の方まであがったのが杲「こう」「あきらか」、逆に森の向こうの方に沈んで行ったのが杳「よう」「はるか」「くらし」。これが草の中に入って行くと莫「ばく」何もないという意味、もうひとつ沈むと暮という字。

このように日という字を覚えると、多くの文字が連なってくるものです。これらは象形文字から発達したものであるから、連想してよく覚えます。

第二は、「形声文字」というもので、形に音をプラスしたものです。たとえば、水が音をたてて流れているのが江・河「こう・か」という字。

第三は、抽象的に物の位置を表す、物を指す、示す「指事文字」であります。たとえば、上という字ですが、「二」これは標準を示し、これに「ト」を結びつけて上とする。反対に結びつければ下という字になります。また寸という字は、手くびから脈の打つところまでの距離を表し、「、」は脈の打っている所を示したものです。「虐待」の虐の字、この「」は虎の略字ですが、これに手を表す「」は左、「」は右、虐は、虎が右手で押さえて左手で裂く形というが、のは掌で、出っぱりは腕であります。右手で裂くならでもよいわけです。

第四は、「会意文字」というもので、思想、思考を表した文字であり、これは人間文化の大いなる宝であると言われるほど発達している。説文学の面白いのは会意文字にある。この会意文字を研究すると、民族のあらゆる問題に対する思考、したがって思想・哲学・倫理・政治いろいろのものが、これから研究され、文字そのものが思想的宝庫となっております。

その一例。或という文字ですが、これは民族の生活発展過程をよく表しておりまして、下の「一」は土地を表し、上の「口」は領土、地域を表す。そして「戈」は、つまり武力、防衛力で、領土、地域はこの武力で防衛して初めて存在することができた。そこで「在《あ》る」を意味する。だが武力の強大なるものには征服されるから、この存在は強敵が現れたときは多分に疑問である。そこで「ある」が疑問となり、「あるいは」と自然に読まれてくる。そういう存在形式の発達したものが、國（国）である。村や町では侵略される。これが発達して國となると、防衛力が強くなって存在が確立する。故に或を「くに」と訓《よ》む。それがあっちこっちにできてくる。そこで自然に國境をつけて今の國という字ができたのです。

この枠のついでに、人間を檻の中に入れる囚という字ですが、こういうものは反社会的な人間でありますから、ソ連や中国のように抹殺してもよいのでありますが、そうしないで、囚人にも食物「皿」を与え、水「氵」を飲ませる。人間がどうしてそういうことをするのかというと、人間が暖かい心を持っているからで、これが溫（温）という字である。そして、何故お前はそんな悪いことをしたかと「たずねる」のです。「溫故知新」は「故《ふる》きを溫《たず》ねて新しきを知る」と、このように読みます。

刑法学を学ぶと、刑罰論があります。刑罰というものは、犯罪の報いとして課するものであるか、あるいは刑罰は犯罪より社会を保護するために在るのかという、刑罰の本質論が重大な問題としてあります。即ち応報説、社会保障説の二つがあるが、この溫という字は、応報説を採っておらない。非常に溫かい人道的な愛のこもった、人を救う、社会を保障する意味を採っている。その一文字でその思想を表現している立派な文字であります。

ところが、檻の中で小さくなっているのでなく、大という字は人間が立ちはだかっている文字で、人間が大きくなっておられるのは、人間が何かの中に包まれて、そのお蔭で大きくなっておられる。これが「因《よ》」るという字であり、何に因ってこういうふうに、大々と生活ができるのか、これはこういうお蔭だと有難く思う、これが恩という字です。

あるいは、人が物を言う、これぐらい間違いのないことはない。成長すれば必ず物を言うのであるから信「のぶ」という文字は、誠でなければならない。つまり生命の誠が、人間の言語となったのである。言語は誠によってのびる、「信《の》」ぶは誠という意味を持つのであり、そこで信義の信が成り立つのであります。

ところが人間は、その人の性格や感情によって物の言い方が変わってくる。ある人は意地の悪い不愉快な言い方をする。ある人は美しい性情が自然にその言に表れる、その人の言葉は非常に嬉しい。これは日常あることであります。そこで昔は佞「ねい」ということを非常に重んじた。この佞という字に関連して、今はほとんど使われていないが、昔は私のことを「不佞」と言った。なぜ自分のことを不佞と言ったか、この佞という字は非常に面白い字で、二説あります。一つは信と女とからできている説。一つは仁と女とからできている説。初めの説は信という字の下の劃を除いてできた字であり、後の説は仁の下に女という字を書いてできたものです。どういう意味であるかというと、仁愛即ち情の深い女の言葉は非常にやさしい、嬉しい気持ちの良い、ゆきとどいた言葉となる。これを佞と言った。誠のある女のおのずからにして出る言葉であります。

先に述べましたように、我々の日常生活は、こういうことを言った、ああいうことを言った、やれ肝に障る、やれ嬉しい言葉だというようなことが大部分である。つまり我々がいかに言葉を使うか、いかに会話をするか、いかに応対するかということが人生の大部分である。国家と国家との問題、外交の問題もそうです。ものの言い方、応対の下手な使節が外交官をやったらおしまいである。ですから、よほど言語応対は謹まなければなりません。これは人間ができていないと、そういう良い言葉は出てこないものです。

そこで佞はたいせつです。〝私は人間ができていませんから、ろくろくご挨拶もできません〟というのが「不佞」という字で、これが私となったのです。ところが意味は転化するもので、最初はそのようによい言葉であった佞が、だんだん「信」という意味、「仁」という意味が脱けて、ただ口先だけでうまいことを言う、心にもない上手を言うことを佞というように変わってきた。そこで「奸佞」という字が生じたのです。

この奸という字は、女にとっては非常にいやな文字で、この奸は「求める」という字で「自分の欲から相手に求める」意味です。女は何か欲しい時には悪智慧が働くものだとして、これを奸といったのであります。その代わり文字は公平でありまして、男にも恥ずかしい文字があります。男の悪智慧が姦であります。この本当の意味は「多くの女を操縦する」ことをいうので、文字を味解すると実に面白いものです。

会意文字というものも非常に発達しております。これを研究すると、日本民族やシナ民族のあらゆる思想・哲学がわかります。したがって説文学は、思想・学問ができてこないとやれない。駈け出しの書生ではこの説文学はできないから、今までやる人があまりなかった。学校の先生など、これをやって生徒に教えれば、小学生で千や二千の文字をマスターすることはやさしいことです。この頃ようやく説文学が世に知られてきました。良いことです。

終戦の前年（一九四四年）、亡くなったチャンドラ・ボース氏（インド独立の志士）が、インドから数十人の青年を抜擢して、日本に派遣してきたことがあります。そして日本の陸軍士官学校に入れて、軍事訓練万能でなく、日本の哲学、特に日本の武士道を教えてもらいたいと申してきたのでありましたが、時すでに戦局悪化しており、陸軍当局としても余裕がありません。といって、この要求をことわることもできません。心配して参謀本部から私のところへ頼みに来ましたので、たまたま私の友人がやっておった、東南アジア留学生教育機関に、インド部を増設し、そこへ引き取って一年間注文通りの教育をさせたのであります。このとき試みに興味をもって、私自身一週間に一回、日本の文字を教えましたところ、たちまちのうちに驚くほど文字を覚えまして、仮名など読まなくなってしまいました。神田あたりへ行って、どしどし本を買って来て読むようになってしまった。外国の青年がそのようですから、日本の子供に正しく学問的に文字を教えたら、これはよく習熟するだろうと思います。文部当局など、もっと反省してもらいたいものです。

以上で大体四つの文字の種類がわかったと思いますが、さらに文字の使い方から、「転注」とか「仮借」というものがあります。

「転注」とは、本来そういう意味でないのを、転じて別の意味に使うことであり、溫という字を「たずねる」と使うのも元来この例です。

「仮借」とは、意味が違うのを、音が同じであるため、仮に使うもので、たとえば音を表す文字などに多い。皆ここに來（来）たという來などの本義は麥（麦）ですが、それを借りて往来の來に使ったのです。

これら象形・形声・指事・会意・転注・仮借を文字の六義と言います。

「才」は〝少し頭を出したばかりの能力〟

さて手足の「足」でありますが、この足という文字は、「口」は上の胴体を表す、「止」は「とどまる」という文字で、「止」という隷体を使いますが、足跡であり、歩行を表します。古代人は素足で歩いた、そういう意味からして象形文字であると同時に会意文字です。この文字を「たる」という意味に使っている。足をなぜ「たる」と読むか、これは非常に面白い。（中略。「足る」については、安岡正篤著『運命を創る』一三六頁以下に詳述）
私はよく専門違いの人たちと、お互いの専門のことを話し合うのですが、ある時、この疑問を話したところ、ある基礎医学を修めていた友人が、テーブルを叩いて「文字は実に偉いもんだ」と感嘆しました。
「人間の体で一番苦労しているのは足である。手なんて問題ではない。人間は寝ても覚めても大気の圧力、地球の引力、重力を受けている。さらに、足は心臓から出た血液が、そこへ降りてくることはできるが、それを順調に上げるためには、あらゆる努力を払っている。足の機能が完全になれば、ほとんど言うことはない。健康である。即ち〝足《た》る〟である。手などは問題ではない。病気などしたりすると、まず足がだめになる。フラフラする。足腰が定まらないということが、一番精神的にも肉体的にもいけない。そこで足をできるだけ丈夫にする、足の機能を旺盛にする、完全にすることが、我々終身の一つの健康必須条件である。だから〝たる〟という意味に足を用いたのである」と。

それを聞いて初めて、私の多年の疑問が釈然としました。

ところが、物が足るのは結構であるが、足ると人間はまた誤る。物は中庸を得なくてはならない。中庸とは調和です。アンバランスが一番いけない。宇宙でもアンバランスになると、たいへんなことになる。我々は、大にしては宇宙、小にしては細胞まで実にデリケートなバランスからできておる、「和」から、出来上がっているのです。しかし人間はあらゆることにバランスをとることが難しい。どちらかへ偏しやすい。即ち「過」過ぎるか、「不及」およばず、マイナスの方へ行くか、どちらかを免れない。足るは過ぎやすい。そこで足という字を同時に「すぐ」と読みます。礼も過ぎると、かえって卑屈になる。礼儀の卑屈なほど丁寧なことを「足恭《すうきょう》」という。

そこで坐禅・静坐は大いに精神的・病理的・生理的な意味があります。坐禅は足腰を丈夫にするのに最も役に立つのです。坐禅の意義、効用を説明するのにも、従来の禅宗の講義だけでは物足りなくなっています。つまり医学的方面まで説明しなければ、十分と言えなくなってしまいました。以上のように足という字は、玩味すると非常に得るところがあります。

次に利という字ですが、会意文字として面白い。この「禾《のぎ》」偏は形象文字禾稲の穂を表し、我々の食欲を満たしてくれる、そして主食となって五味を調和する。これに「口」をつけて、この文字は和という字になります。「なごやか」という意味の象徴となります。しかし、これがいろいろと体を養わないで、穀物を自分だけに取り入れようとする、人に与えないで自分の中にだけ縮まると、私という字になる。旁《つくり》の「ム」というのは利己的であることを表している。利己的にわだかまることである。これを広げると公という字になる。

今日いろいろの書物に、文明社会に対する手きびしい批判が行われているが、現代文明というものは「私」に過ぎる。私心私欲に過ぎておる、これを何とかしなければならない。人々がもっとパブリック精神を涵養《かんよう》しなければ現代文明を救うことができないというのが、あらゆる識者の共通な結論です。世界的にセンセーションを起こしたアメリカの評論家ウォルター・リップマンの名著『公共哲学』（"Public Philosophy"）には、いかに「私」を断って「公」に就《つ》くか、つまり公共精神ということが、デモクラシー解決の鍵である、と結論していきます。こういうことは世々の聖賢、哲人が議論し尽くしているのを、リップマンが現代に即して言うたにすぎません。

私と公の意味は以上のようですが、利の「リ」は「刀」を意味している。刀を砥石にピッタリ合わせるのが「リ」という字である。刃物を砥石に合わせるから、よく磨ける。そうすると鋭くなり、よく切れるようになる。故に利という字は「切れる」「鋭い」という意味になり、「よく役に立つ」という文字である。役に立つから、いろいろな所得がある、効果を挙げることができる。そこで「利益」の利という意味に使われる——これが利という文字の本来の意味であります。

幕末江戸の浅草に、黒川春村という国学者がいました。この人が『碩鼠《せきそ》漫筆』という本を書いておりますが、これによると、「利は即ち刃物を砥石に合わせる、そこで刃物が砥ぎすまされて光り輝く、そこで利は利益の利、鋭敏の鋭と同時に〝かがやく〟という意味があり〝かが〟と読む」と説明しております。足利は、土地名ばかりでなく、文学的に言語学的に面白いものであります。

利のついでに財の字を採ります。この字一つで立派な思想・教訓を含んでおります。偏

の「貝」は、ご承知のように、昔貨幣に使われていたものです。問題は旁「才」でありま
す。普通の字引では、音符となっており、形声文字になっている。ここにも実は大いに意
味があります。「才」の「一」は土地で、「十」は草木がちょっと芽を出しているところで
あり、「ノ」は髭根を表している。問題は「十」であります。戈と書いてはいけません。
そこで「才」の文字の第一の意味は、草木が芽を出したところであるから、生命の活動を
表し機能を表す。ところが、字引を引くと「わずかに」とある。ですから「才」は僅少で
あり、ちょっと頭を出したばかりの能力である。

大体、才というものはたいせつな能力ではあるが、それだけでは大したものではない。
そこに意味があります。ですから「徳」というものによって「才」を培養して、初めて伸
びるものです。徳という肥沃な土壌がなければ、すぐだめになる。「才子才に倒る」なん
ていうのはこの例である。

才とか知とかいうものは、たいせつなものであるが、その反面危ないものです。人間が
才に走ったり、知に過ぎたりすると、つまらない味の悪いものになる。どちらかというと、
才知を悪い方に使って身を誤る者が多い。

「徳」とは、自然が物を生み育てるように、我々の中に在る凡《およ》そ物を包容し育成する能力
を言います。彼は何ができる、頭が良い、弁舌が立つ、学才があるなどという才は、大事

なものであるが、大したものではない。

　そこで昔は、人間を二つのタイプに分けて、才が徳より優れている人間を小人、反対に徳が才より優れている人間を君子と言い、才徳二つとも大いに発達している者を聖人、才徳ともつまらない人間を愚人と言っております。でも普通には、人間を小人型と君子型とに分けるのが、東洋における人間学・人物学・性格学の基本的な考え方である。明治維新で言うと、西郷隆盛などは非常に徳の大きい人で、大いなる君子であり、勝海舟などは、どちらかというと、才が徳より優っていた小人型の偉人であります。

　要するに、財は働きのあるもの、人間生活を営んでゆく上に大事な働きをするが、財だけでは大したものではないということを表している。古人に、

「賢にして財が多ければ過《あやま》ちを益す、小人にして財多ければ愚を増す、子孫には財を残さず徳を残すが一番である」

　という名言があります。平凡な我々は、衣食には困らないが、小遣いが少々足らないというぐらいの方がよい。これは諸君の生活のモットーにしてよろしい。あまり財々ということに重きを置くと失敗するでしょう。

金を「負《たの》」む者は「負《ま》」ける

貨という字は、下の「貝」は通貨を表します。問題は「化」であります。「化」の偏は人偏であり人である。昔は人という字をλと書いた。これを引っくり返すとγとなる。これは、年を取って体が老衰変化するところを示したもので、貝（財）もだんだん古くなればボロ貨幣となると同時に、金ができると、とかく人間は間違ってくる。少なくとも変わってくる。たいてい悪く変わってくる。それだけでも、この字は非常によい教訓を持っている。

また「化」は、「人から別の人へ」の意味もある。だから貨というものは、自分のところから人のところへ行くものであり、通用するものである。人に使われなければ貨ではない。そこで銀行は、預金ばかり集めて、金を貸さないと、本当の文字の意味に当てはまらないことになる。そこをうまくやるのが本務であります。

資本の資は、上の方が問題であり、本当は「欠」で、人間が欠伸《あくび》をしている形象文字であります。欠伸は疲れるから出るものですが、国木田独歩の『牛肉と馬鈴薯』に「男は生活に疲れて欠伸をする、女は恋愛に倦んで欠伸をする」と書いてあるが、何か疲れると出るものです。なんらか「欠乏する」なんらか「欠ける」という意味であり、したがって疲れたから宿《とま》る、働くのを止めて宿る、つまり財貨を溜めて、明日の活動に備え、生産活動の源となり財貨となる。そういうものは欠伸をしやすい。即ち役に立たないで、いたずらに貯蓄されるという意味を含んでいる。また資本は疲れやすいもので、うまく応用されないで、とかく資本は生産活動に当たって、十分に効用を発揮しないで、一方に停滞しがちである。

以上のように資本の資は、経済の実体と考え合わせて非常に興味のあるものであります。債権の債という字は、人偏は申すまでもありませんが、「責」は元来真ん中の「|」がトゲを表し、チクチク刺す意味である。ですから金を借りると貸主からチクチク痛めつけられる、人から借りなくても金を持っているとチクチク責められる。そういう面白い意味を持っております。

負債の負という字は「まける」「おう」「たのむ」と三つ読み方があり、これを文字学的に研究しますと、上の「⺈」は「人」であり、人が財を持っている――これが「負う」であり、物を背負っておる意味です。人は金を持っているとよい気持になり、金を「たのむ」という意味になります。ところが、人は金をおったり自分で金を持っていて、〝もう大丈夫だ〟というようになると「まけ」だということになる。負を「まける」とする意味であり、これは古代人が社会的経験を積んで内省するうちにできたものです。つまり、我々は何を頼みとするか、

〈金を頼みとする人は一番弱い。人生の負けだ〉

という結論に達したことを表したものです。

このついでに頼（頼）「より」「たのむ」という文字を説明しますと、「束」は「たばねる」でありまして、旁の上は「刀」であります。束《たば》ねるの方は、財を多く集めて、これを整理することによって、これだけあれば大丈夫だろうと頼む、それを刀を入れて切る。束ねるのを切るという意味がある。我々は自ら頼むには束ねるだけではいけない、時には切る必要がある。思い切って整理し、蓄積したものを今度は切ってこれを散ずる。そうすることによって人がこっちを「頼む」「頼まれる」「頼もしい」ということになるのです。

「濟」とは、すべての関係者を立派に伸ばすこと

貴賤の貴という字は「とうとい」という字で、ほんとうは何か物を盛り立てる。これが金であり、金をたくさん積み上げることは、確かに貴族生活に貴いことである。そういう者は地位が高いから「たかい」という意味に用いられる。それから進んで、財以上のものを持ちあげ、能率を上げることがほんとうの貴であり、「高い」という意味にもなる。それを「戈《ほこ》」でせっかくの金を傷つけて値打ちを落としてしまう、せっかくの金をくだらないことに使ってしまう人間は、人格ができていないから「賤《いや》しい」となるのです。

財産の産（產）という字ですが、これは「彥（彦）」プラス「生」という字。「文」プラ

ス「彡」は「あやかざり」という意味で、物の整っている形象文字です。即ち調和・調整を表している意味で、木がよく植林されて整っておれば彬という字です。

文化・教養が偏しておらないで常に整っていて、しかもそれに、卓越を表した「厂《がけ》」を加えた形象文字が「彥」です。昔は、「厂」のような要害の地を選び、風害などを避けて、こういう下に家を造ったものである。そこで「岸」という文字ですが、人の後ろ楯になる厂、その下に「干」を入れ、上に「山」がある、これは文化的教養があって、非常に整って卓越して、多くの人の後ろ楯となる意味ですから、岸信介など、まことに興味深い姓名です。それが人間の生活に直結されると、産となります。我々の生命・生活というものは、ただこれを低いところに置いておかないで、これを掲げて教養を与え整える。金さえあればよいというものではない。財を蓄え、その財を利用して、我々の生活を高め、教養をつけて、そうして立派な整った人格にして、その感化を人に及ぼすのが產であります。

經濟の經（経）という字は、形象文字で、織物の經《たて》糸となって織物を「おさめる」。そしてそれは衣服となって「つね」に着られるという意味になる。

濟（済）という字は、穀物の穂が伸びそろって整っているというのが元来の文字である。したがって濟とは、皆そろってみずみずしく成長している姿で、すべての関係者を、そろって立派に伸ばすこと、依怙贔屓《えこひいき》はいけない、満遍なく守り立てる意味であります。これが常に行われているのが「經濟」です。經世濟民、經國濟民、という熟語も作られておる。したがって経済家とは、投機をやったり不正を働いたりするのでなく、常に変わらぬ法則をもって、常に変わらずに人に対し、あらゆる関係者を公平に守り立ててゆくような行為をする人のことであります。

このように、経済関係の文字も、いろいろと研究してみますと、文字そのものが深い思想であり、非常な教訓即ち哲学を持っていて、汲めども尽きぬ、すこぶる興味のあるものであります。

「人間」を創る

「人間」を創る――親と師は何をなすべきか

現代社会の危機――少数支配者の専制

戦争か平和かということは誰にもわかることのようですが、玄人筋《くろうと》は、その根本において、目に見えない動きにおいて、恐ろしい難問題が進行しておることを非常に憂えておるのであります。それは何かと申しますと、第一、文明の性質です。

文明がこういうふうに発展してまいりますうちに、その物質的・機械的発達に反して、人間が次第に人間らしさ、人間味、人としての個性・特質を喪《うしな》ってきたということであります。文明に因《よ》る人間の喪失であります。人間が人間たることを失って、物質化し、機械化し、大衆化・組織化して、個人はその組織の中の一つのメンバー、メンバーと言えばまだよいのですが、一つの原子 atom になってしまう。現代の世界は「騒音とアトム化の世界」だという説があるくらいであります。

事実、世の中はだんだん大衆の社会になり、そのまた大衆は、だんだん組織化されまして、もう個人個人は自主的な意思や感情をもって自由に生きることが許されない。皆巨大な組織の中に機械的に組みこまれてしまって、確かに分子原子的存在にすぎなくなる。そこで、現代人のことを組織人 organization men などと申します。また現代のそういう組織化をレジメンテーション regimentation などとも申します。

元来、レジメントというのは聯隊という軍隊用語ですが、聯隊化の一番はなはだしいものは、ソ連や、近来では特に中国であります。中国は国を挙げて全民衆を、インドのネール首相の巧みな表現で申しますと、「一大兵営化」しておる。まさにその通りでありまして、ネールで思い出したが、インドの名高い哲学者でもありますラダ・クリシュナン副大統領も、過般日本を訪れて、つくづく現代文明の弊害を歎じ、この人民をレジメント化する弊を指摘し、人間のおのがじしなる豊かな個性的存在、自主的生活が許される多種多様性、ダイヴァーシティー diversity がなければならないことを論じておりました。これは、ほんとうに心ある者の斉《ひと》しく痛感しておることであります。

それらは社会的体制の問題ですが、文化生活内容から申しましても、現代文明は都市を発達させ、都会生活というものは全く多忙であります。とにかく忙しい。そして刺激が強すぎる。新聞、雑誌、テレビ、映画、何会、何会と実にたくさんあります。あまりに忙しいのと、刺激が強いのとで、人間はだんだん馬鹿になる傾向があります。物を考えなくなる傾向があります。

皆さん自身、ちょっとご反省なさっても明白です。朝起きて、仮に二、三種類の新聞を見、ラジオを聞き、テレビをご覧になって、勤めに出る、その余、映画を見る、音楽会に行く、碁を打つ、ゴルフをやるとなると、それだけでほかに何もできないでしょう。次から次へと、そういう刺激に追われておったら、自分で物を考える余裕はなく、ただ動物のように刺激に反応するというだけになってしまう。これを一億総白痴化などと申します。勉強盛りの学生生徒もそうでありまして、八時から九時、九時から十時、十時から十一時と、それぞれ違った先生から違った科目を講義されたら、ただ承るだけ、それを機械的に覚えるというだけで、自分でとっくりと考えるという思考力・想像力なんかなくなってしまうのです。

要するに、人間が機械みたいになってしまう。自主的な個性的な思考とか、情操とかというものを養う余裕がない。大人も子供も次から次へと駆り立てられ、ほんとうに無内容になってしまって、人間らしい能力を失ってしまう。つまり文明が発達するが如くに見えて、人間が無内容になりつつある。この恐ろしい事実が、あらゆる学者・批評家・芸術家・文学者等によってさまざまに描写され、警告されておるのが、今日の思想界・評論界の痛ましい事実であるということができましょう。

「この分では、大衆は毎日の忙しい勤めと、それから、他愛のない娯楽以外には、なんにも物を考える能力がなくなってしまうだろう。そうして、物を考えるのは、少数の専門家と、一握りの支配者・政治家とだけになってしまうであろう」

とアメリカのG・ハイエット氏（コロンビヤ大学教授、ラテン語専攻）が論じておりますが、まさにそうであります。その通りに今日なっていっておるのです。これが危険なことです。

ところで、その専門家というものも、難物でありまして、今日はいろいろの専門が発達しましたが、その結果は互いに狭い専門分野に配置されて、そのそれぞれの間の連絡、全体としての統一、先々の見通しなど難しくなってまいりました。政治にしても、今日の政治は昔の政治と違いまして、専門家の集まりであります。専門家がそれぞれの専門委員会を作り、その委員会での決議を持ち寄って、それを党の首脳部で決定し、これを議会にかけて決議するというふうになっていっております。そこで、専門家は今日の社会学的用語で申しますと、委員会人committee menとなります。つまり、それぞれの委員会に属する一分子で、この専門家は他の専門分野のことにはお構いなし。ところが国家というもの、世界というものは、一全体であり、永続性がたいせつで、てんでんばらばらな専門的議論だけではいけません。それでは雑駁・混乱に陥ってしまう。支配者はこれを制して、強力に全体を推進せねばならない。

そこで結局は、世の中が大衆化しながら、事実は、だんだん〝少数支配者の専制〟になる傾向がある。大衆が何も知らずに組織化され、機械的に駆使されて、これを掌握する一握りの専制政治家に左右される。こういうことが著しい傾向になりまして、そこで、その少数の独裁者・専制者の如何によっては、どんな戦争が始まるやら、謀略が行われるやらわからない。大衆というものは機械のように動かされるだけで、運命はすべてその少数者の手に握られてしまう。ここにまた、今日の文明の根本的疑惑不安が存在しておるのであります。

そこで結論は、人間がこう非人間的になってしまっては困る。人間が人間たることを喪失する、人間が人間らしくなくなるということでは、人間はどんなことになってしまうかわからない。どうしても、もっと人間を人間らしくしなければならない。つまり人間の回復ということが一番新たな、一番根本の問題になってくるのであります。

正しい意味で、いかに人間が人間を回復するかということに成功しなければ、政治も経済も救われない。

これが救われなければ、戦争か平和かという問題も、根本的には解決しないのであります。

だから、世の中が物騒になればなるほど、根本に返って、人間・人性という問題を解決しなければならない。結局、問題はやはり教育というところへ帰してくるのであります。

人間の四要素――徳性、知能、技能、習慣

教育ということになりますと、やはり親と師の責任であります。これが子弟をどう育て、どう教育するかということであります。

人間を、今のようにアトム化してしまう、機械化・動物化してしまえば簡単でありますが、人間は本来、人格的存在である。万物の霊長である。これが人の人たる特質でありま す。その意味において、人間というものは大体どういう要素から成り立っておるかということを、突きつめて考えてみますと、大きく四種に分けることができます。

第一は、一番大事な人間たる本質、人格としての人間たる本質と申すべき「徳性」というものであります。たとえば、心の明るさ、それから清さ、それから人として人を愛する、助ける。人に尽くす、恩を知る、恩に報いる。正直、勇気、忍耐等、そういう貴い心の働きがあります。こういうものを徳性と申します。これらが一番大事な要素であります。仮に人間が明るさを失って、暗くなってしまい、清さをなくして不潔になってしまい、不正直になり、人が人を愛さなくなり、人が人のために尽くさなくなり、勇気がなくなり、忍

耐心もなくなるということになったら、一体人間というものはどういうものになりますか。それを考えても、こういう徳性というものが、いかに人間に、本質的に大事なものであるか、よくわかりましょう。

これが一番大事な要素で、その次に知性・知能というものであります。これあるによって、人が動物より抜きん出ることができたのであります。

その次に、技能でありまして、人間が他の動物よりも発達したのは、前足を手としたことからだと言うこともできます。

しかし、この知能とか技能とかいうものを、先ほど申した徳性に比べたら、どっちがたいせつであるかということは、おのずから判明いたしましょう。知識だの技術だのというものは、あるに越したことはありません。これを発達させたから、偉大な今日の文明も生じたのであります。人類もいろいろの幸福を享受することができたのでありますが、しかしこれがなかったからといって、つまり、知識や技術が少々未開発であるからといって、人間たることにそう根本的な価値の影響はありません。

早い話が、我々の偉大な先輩が明治維新を断行して、世界の奇蹟と言われるような近代世界に大飛躍をとげた、その維新の人物を例にとりましょう。

西郷南洲（隆盛）とか、大久保利通《としみち》とか、あるいは、さかのぼって吉田松陰《しょういん》とか、橋本左内《さない》とかいわれるような人が、太陽が東から上って西に沈むんじゃなしに、地球が西から東へ回りながら太陽の周囲を回っておる、つまり自転しつつ公転しておるのだということ――これは今日、小学校の生徒でもよく知っておることですけれども、そういうことを西郷・大久保も、松陰先生も左内先生もよくご存じなかった。しかし、そういう今日の小学生でも知っておることを、あの人々が知らなかったからといって、彼らは馬鹿だと誰が考えますか。絶対に考えないでしょう。そういうことを考える者がおったら、そいつが馬鹿でありまして、賢い人ほどさようなことは考えません。

今日、中学校の生徒でも、水はH_2Oであるということぐらい常識であります。こんなことは弘法大師も日蓮上人も知りはしませんでした。しかし水がH_2Oだ、くらいのことを知らんようでは、弘法も馬鹿だと誰が言いますか。そんなことは人間の偉さには関係のないことです。それは、その時代の知識という、一般的問題であって、人間たる本質の問題ではありません。知っておるに越したことはありませんが、知らなくてもいいのです。

娘や息子が、うちのお母さんは何もわからん。幾何も代数もフランス語もドイツ語も知らない。だから、うちのお母さんは馬鹿だとは考えないのです。そんなことを考える娘や息子があったら、大馬鹿でありまして、そんなことは母たる本質に一向関係がないのです。

だから、いくら便利な価値のあるものであっても、知能だの技能だのというものは、これは属性的価値しかないのです。本質的価値は、今申したように徳性にある。知識や技術は少々未開発であろうが、低開発であろうが構いませんが、人を愛することを知らない、人を助けることを知らない、人に報いることを知らない、勇気がない、不潔である、暗い、陰惨である、などということは、これはたいへんなことでありまして、これでは、どんなに知能や技能があったって、話になりません。

だから同じ要素と申しましても、やはり徳性が第一、これが本質。それから、いくら必要であっても、知性（性は静的用語、能は動的用語）や技能というものは付属的なものです。

第四に、往々人が軽く見過ごすものですが、徳性に準じて非常にたいせつな意味のあるものがあるのです。これは「慣習・習慣」というものであります。「習慣は第二の天性である」という格言は、皆さんが小学校時代におそらくお聞きになったでありましょう。スイスの美しい心の詩人・哲人であったアミエルは、その日記の中に「人生は習慣の織物である」と書いております。人生というものを一つの美しい織物とすれば、この織物は美しい習慣から織られておるのです。これは第二の天性・徳性をなすものであります。よい習慣をつけるか、悪い習慣をつけるかによって、まったく人間が変わってまいります。

人間は十七歳ででき上がる

そこで人間というものは、大体、第一に徳性。これに基づく習慣。それから、知能、技能。こういうものから成り立っておるわけであります。

ところが、こういうものが、人と生まれて、どういうふうに発達してくるかという過程を、教育学、倫理学、心理学、社会学、医学等、いろいろな専門家の研究によって、これらを綜合観察いたしますと、我々の常識に比して、恐ろしい結論が出ておるのであります。人間従来の常識から申しますと、子供は幼稚であり、大人は成人であるから発達しておる。だから、子供にはあまりいろんなことを要求してはいけない。子供はそっとしておいて、自由に伸び伸びと育て、だんだん年を取るにしたがって、教えればいい。こういう考え方をしておったのであります。

ところが、前記のあらゆる近代学問の発達の結果は、これをまったく引っくり返しておるのです。どちらかと言いますと、我々のお祖父さんやお祖母さんが、やかましく言うたことの方が学的結論になってきておるのです。

ある教育に熱心な若いお母さんが、赤ん坊をつれて尊敬するお医者さんのところにまいりまして、「この子供をどう育てたらよいか、いろいろ教えていただきたい」とお願いしたところが、そのお医者さんが「そのお子さんはおいくつですか」、「お誕生をすぎたばかり、二つであります」と答えましたら、そのお医者さんが、「それはもう遅い」と言ったという名高い話があります。

二つで遅ければどうしたらよいのか。結局、胎教が必要だということになる。しかし胎教ということも、もうそのお医者さんに言わせると遅い。身ごもってから考えるなど遅い。身ごもらぬうちに始めなければいけない――ということになるわけであります。

大体、人間の徳性に基づく性格というものは、ほぼ三歳くらいから始まる。三歳くらいから始まって、五～六歳頃に大体形成されるのです。そして五～六歳頃から知性や技能の基本的なものがすでに芽を伸ばして、十二～三歳が徳性から言うても、知能から言うても、技能から言うても、最も活発である。最もよく働くという意味においては、ピーク絶頂で、それが十七～八歳まで続く。即ち、三歳頃から始まって十七～八歳で人間は成熟する。

「桃栗三年柿八年」ということがありますが、桃や栗は大体三年でそれらしくなる。柿は八年、人間は十七年。それから先は、もうあんまり本質的に変化しません。あとはいろいろ知識がついたり技術が加わったり、経験を積んで鍛錬陶冶《とうや》されるだけで、人格そのものはもうあんまり変わらないのです。瓜が茄子《なす》になったり、鳶《とんび》が鷹になったりはしないのです。

人は大体三歳から十七～八歳にでき上がると思わなければならぬ。それから先は、そこまでできたものを、ただ動かしていく、鍛えていく、場合によっては、それを曲げていく、壊していくという善悪いずれかにしていくだけであります。根本的には、もう五～六歳から十六～七歳までが人生の一番大事な時なのであります。この時に人間ができ上がります。

家庭教育についての大きな誤解

ところが、家庭教育にまた、非常に重大な問題が起こってきておるのです。

従来、家庭教育というものは、ほとんど母の責任ということになっておりまして、父親族は大いに責任を逃れておったわけであります。ところが、いろいろと学問が深刻な研究をしまして、最近ではまた重大反省を促すに至りました。

もちろん母の責任は重大である。たとえば、今の少年の非行犯罪を研究してみると、五～六歳頃に皆わかる。そこで五～六歳頃の少年の生活、即ち家庭生活を調査してみると、父親の責任が、母親と同等あるいは同等以上の責任があることが判明しました。それから、心理学だの、倫理学だの、人格学だの、いろいろの研究から綜合しまして、子供が人として人格として育つのには、母ももちろん必要であるが、より以上に父が必要であるということが、また結論されてきました。

いとけないものほど「愛」で育つ。愛と、愛から出づるところの細やかな配慮、即ち世話、それによって子供は育つということが、今までもっぱら力説されておりました。『論語』や『孟子』などを読みますと、それでは足りぬ。さらに「敬」が必要と書いてあります。ところが、『論語』や『孟子』に書いてあることがなるほどそうだった、ということを今日の科学者が証明するようになりました。

愛だけでは人格として育たぬのです。愛と、愛から出づる配慮・世話だけでは人格としては育たぬ。動物としては育つ。つまり可愛がって面倒みるだけならば、犬も猫もやっておることとです。人間と本質的に変わらぬ。人間が他の動物と違って、人格として、万物の霊長として育つためには、愛だけではいけない。

人間である限り、いかに幼稚であっても、むしろ幼少であればあるほど純粋に、愛を要求すると同時に「敬」を欲する。敬を充たさんとする心がある。子供は、いかにいとけなくとも、すでに三歳になれば、愛の対象、まず母の愛を欲する。可愛がられたい、愛されたいという本能的要求と同時に、敬する対象を持ちたい。畏敬するという自覚はありませんが、本能的要求です。敬する対象を持ち、その対象から自分が認められる、励まされる、励まされたい、という要求を持っておる。この愛と敬とが相俟《あいま》って初めて人格というものが出来てゆく。その愛の対象を母に求め、敬の対象を父に求める。父のない場合には、その二つが皆、母に集まるわけであります。だから母は非常に難しいことになる。

もちろん、それだからといって、一方は敬だけで、一方は愛だけでというような、そういう区別はありません。いずれも、それぞれ含まれておるのですが、それを特に分けると、父に敬を求め、母に愛を求める。言い換えれば、母は、よほど悪い母でない限りは問題ありませんが、父は、よほど心がけねば、つまり、そのいとけない子供が理屈なしにおのずから尊敬し、その父から認められ、励まされるような、つまり子供心に何となく偉い父が欲しい。父は暗黙のうちに、無言のうちに、子供の尊敬信頼の対象になるような父でなければならないのです。やさしい母が必要と同時に、子供からいうならば、何となく頼もしい、何となく敬慕される父が必要なのであります。

ところが、不幸にして世の父親族というものは、家庭を誤解して、自分たちは外に出て、終日働いて疲れて帰って来る、家庭で休むのである。家庭というところは、〝安息所〟である。苦労な世間から解放されて、ここでは、やれやれと少々の自儘《じまま》・気儘も許してもらう所と考えている。くだらぬ遊びで夜ふかしをする、朝寝はする、酒を飲んで怠けたり、怒鳴り散らしたり、ろくなことを子供に見せない。子供からいうと、もっと偉くあってほしい。まだ幼稚ですから、理性的に何も理屈っぽくは考えませんが、本能的に失望する。これがいけないのです。

先ほど申しましたように、知性というものは派生的なものであり、手段的なものですから、これは大したことはないんです。本能で直覚するという力が非常に尊いことなのです。子供は何だかわからんけれども、うちの親父は？　という不満を感ずる親父が、一番子供に有害なんです。

こうなると、我々父親族はどうも、はなはだ良心の苦痛を感ずるのですが、とにかく父の責任たるや実に重大であります。そこで、やはり妻は夫を、子供のために父として、なるべく立派な父にするように、配慮せねばなりません。もちろん、夫の方も妻を、子供にとって立派な母にするように気を配らねばなりませんが、より以上に、妻は夫を、子供の父らしい父に仕立て上げる必要がある。〝亭主飼育〟などとは以《もっ》ての外《ほか》です。そこで、世の中の母が亭主に、即ち子の父に対する不満を子供に訴えるということくらい、子供にとって悪いことはないのです。それは深刻な打撃です。

亭主が伜《せがれ》に母親の不平を鳴らすのも悪いが、母の方はもっと悪い打撃を与えるのです。こういうことは近代の社会科学がだんだん解明してきました。古典に説かれておる先哲の教えがいかに貴いかということを、今さらながら悟らされるのであります。

人格・道徳教育を欠いた学校教育の失敗

人の子は幼少時代、小学校に入る前に家庭教育において、はなはだ不合理な、場合によっては、非常に傷つけられた生活をして、そして学校に入る。ところが、もう五～六歳から道徳感情というものが芽生えるとともに、知能の基本的なものも、その頃から特に発動してまいりまして、理解力、記憶力、想像力、連想力、注意力など、いろいろ、そういう基本的なものを調べてきますと、七～八歳から十二～三歳ぐらいまでが一番旺盛なのです。

生理的にもそうでありまして、根本的な生命力というものと、表面的な体力というものとは、また別なのであります。肉体がどんなに頑健なように見えても、生命力の弱い人があります。堂々たる体格をしながら、何かさせると、すぐフーフーいうような者もあります。蒲柳《ほりゅう》の質《しつ》に見えて、なかなかエネルギーのある者があります。

これは、またおのずから別なのですが、根本的意味で生命力の旺盛なのは十代であります。ことに十歳から十二～三歳です。一番、人間性を現すものは目でありますが、眼力というものは十歳頃が一番強いのです。それからだんだん衰えてくるのです。記憶力も十一～二歳頃が絶頂であります。それからだんだん衰えてまいります。想像力またしかり、注意力もです。そして前述の通り、人間の徳性・性格は十六～七歳、せいぜい十八歳でき上がるのですから、二十を壮丁といいますが、それは、ゆるやかに勘定したのでありまして、昔日、算えの十六歳をもって元服としたことは、今日の科学的研究からいうと、むしろ正確に当てはまっているのです。

そうしてみると、今日、仮に七歳から入って、十二で出まして、十三、十四、十五、つまり小中学時代からせいぜい高等学校へかけて、この時代において大体、人間が決まるのです。

そこで、小中学時代の教育は、何を本体として何を付属とするか。言うまでもなく、人間の徳性や良習慣、即ち「躾《しつけ》」が本体です。人間の徳性や良い躾をするということが、これが教育の根本で、知識や技術はそのつけたりでよいのです。そして、大体十六～七で人間ができ上がって、それからあと専門学校・大学へ行く。ここでは、今までにできた性格的・人格的基礎の上に知識や技術を本筋にして教えてよろしいのです。そしてなお小学校時代から、あるいはその前の家庭から養われたところの道徳、宗教、芸術などを随意これに配していくべきです。これが学校教育体系の正しいあり方であります。

日本は、これを不幸にして明治以来、誤ったのであります。ここに日本の教育的悲劇があります。

それは、日本が長い間、鎖国生活をやっておりました。そして、ペルリの来航をはじめとして、外国から通商貿易を求めるいろいろの交渉が始まるに及んで初めて近代欧米の科学文明に接して大いに驚いた。これは、たいへんだ、ぐずぐずしておったら日本は滅ぼされてしまうというので、非常に驚き恐れ、同時に、相手に対する一種の畏敬、自ら省みての卑下、そういう非常に複雑な心理が生じまして、明治の当初は、いかにして一日も早く欧米先進諸国に追いつくか、彼らの持っておる偉大な科学的技術的文明を日本にいかにして取り入れるかということが、とりあえず、国を挙げての目標になったわけです。

つまり、人格を造る、徳性を養う、良習慣をつけるというような道徳教育・人格教育ということなどは忘れてしまって、何でもいいから早く鉄道を敷かねばならん。電気もつけなければならん。石油もいる、石炭もいる。近代兵器も、法制も完備しなければならぬという、知識技術一点張りになってしまった。

そこで、それに役立つ者をどうして養成するかというので、外国に負けないような大学を造らなければならん。いきなり大学に入れるわけにいかないから、その予備校として高等学校を造る。その予備校に中学校を造る、小学校を造る、つまり、全教育を大学を頂点とするところの予備組織にしてしまった。そして、人格教育・道徳教育といったようなものは、ご挨拶程度で、とにかく知識と技術である、ということになってしまったのであります。

「尋常」の意味

さすがに明治初年の教育家や学者・役人の中には心得の深い人がありまして、小中学教育には「尋常」という名前を与え、日本の教育を尋常教育と専門教育に分けました。「尋常」という意味は文字通り「常を尋ねる」という意味なのです。「平常心これ道」と言いまして、人間はいかなることがあっても平常と変わらぬ、平常からちゃんと覚悟ができておることがたいせつです。真の人間の道は、時の古今、所の東西を通じて相悖《あいもと》らない。この「常を養う」のが尋常教育であります。即ち人格を鍛錬陶冶して、その上に知識・技術をつける。この知識・技術を主体とするところが専門学校、この専門教育と尋常教育に分けて、尋常教育を小学校と中学校にしたわけです。

ところが、いつの間にか尋常という意味を間違って、尋常とは世の常、当り前、つまらない――こういう誤解をしてしまった。専門学校は偉い学校、大学が一番偉い学校、先生も大学の先生が一番偉い。小学校の先生は一番つまらない。こういうふうに錯覚して、そこで、先生も小学校や中学校の先生は、なんとかして大学の教授になりたい、訓導や教諭ではつまらん――こういうふうに、先生みずからも卑下・錯覚してしまう。できれば自分の学校をなんとか専門学校・大学にしたいということを皆望んでおったのが、敗戦後のアメリカの教育方針で一ぺんに解放されて、学校という学校を皆大学にしてしまった。そして訓導も教諭もみんな教授になってしまった。駅弁大学と言って、世界の物笑いのような大学が何百もできてしまったというわけです。

さらにその上、〈人間というものはどういうものであるか、人格というものはどういうものであるか、教育はどうなければならぬか〉ということを少しもご存じのない、むしろこれを非常に歪曲して特殊なイデオロギーの下にいい気になっておるような先生たちが、歴史的・伝統的なものに対しては、好んでこれを否定的・懐疑的に子供に教える。つまり人格教育・道徳教育というものを全然破壊するような先生が非常にふえてきた。

しかも、いい習慣・躾というものを、またみずから進んで打ち壊して、ねじ鉢巻でスクラムを組んで闘争闘争など、絶対に子供に見せてはならない浅ましい姿を見せるような教員の運動がふえてきました。大学生なら、もう物を批判する力がありますから、まだよろしい。小中学生などにこういう姿を見せると、これはちょうど家庭で、お父さんやお母さんが子供の本能的な期待を裏切るのと同じでありまして、非常な教育の破壊、人間の破壊であります。

こういうことを考えますと、極論すれば、人の子は気の毒にも、いとけなくしては愚かなる親のために、学校に入っては愚かなる教師のために、十六、七年の間に満身創痍を受けて、世の中に放り出される――こういうことになるわけであります。

なにがしかの技術や知識は授かる。そういう枝葉末節をたいせつな所得にして世の中に出て、これが政治や教育や産業や、いろいろの仕事に当たる。そういう政治や教育や経済が、どういうことになるか、これは不潔にもなろう、腐敗もしよう。いろいろな問題が起こるのは当り前ではありませんか。そこで、これを直そうと思ったら、「急がば、回れ」という言葉があるが、どうしても教育を直して、まず人間が本来の人間らしさ、人間の人間たる一番尊いものを回復するように努めるよりほか、根本的解決の道がない。こういうことが世界の最も思慮深い人々の結論でもあります。

〈編集部注・著者は「学校教育の失敗」に関連して、別の講演で次のように述べている〉

〝人間学〟に疎い部課長の醜態

最近、大学教育に携わっている幾人もの人と懇談したことがあります。その時の一人が、「最近自分のところに就職を世話した学生の成績についていろいろ苦情が来ておる。これをあんまり率直に言うと差し障りがあるので、お互いに含んでひそかに語り合っているのだけれども……」といっての告白です。

大学における時は成績も良く、人間も有能であるというので、推薦をして銀行とか会社とかに採ってもらった。採用して二、三年は確かに良かったが、ある年数がたって、五人なり七人なり十人なりと部下を持たせる地位、係長とか課長とかに取り立てた。そうすると意外なことが起こってくる。せっかくその地位に据えたところ、もう全然部下が付かない。付かないどころじゃない、「あんな奴に使われるのは我慢ならん。取り替えるか、自分たちをなんとかしてもらいたい」。

こういう実に厄介な苦情なので、困って内々調べてみると、もっともである。部下を思いやるとか、認めるとか、励ますとか、要するに上長として部下を用いることが全然できない。我儘《わがまま》で意地が悪くて、アラばかり見て、文句ばかり言って、本当に人間の嫌味を丸出しにして、修養というものが何もできておらん。少数の部下しか持たないところはまだしものこと、課長とか部長とか多くの部下を支配しなければならないポストに据えたら、どんなことになるか。またこれを年功で幹部社員、あるいは重役にでも使ったらどういうことになるか。部内はもちろんのこと、部外あるいは他社、銀行なり官庁なりと交渉が全然できない――こういう人間が非常にふえてきた。中にはまた、部下との間のいろいろの悶着で神経衰弱になり、明らかに精神異常を呈して本人自身が破滅する。そういう人間も続出している。〝一体、今の大学は何をしているんだ〟という苦情が多いというのでありま す。

こういう意味では、今の大学は、〝不良青年もしくは人格破綻者の養成所〟というようにも言われかねない。つくづくと日本の教育というものを根本的に反省し、根本的に改めなければならないと、実は我々持て余しているのだ、という告白であります。

これは、どうも考えれば考えるほど深刻な問題です。これは学校当局だけの苦悶ではないので、至るところにそれがしの事があるのです。

それでは、外国ではどうやっているかと申しますと、オックスフォードやケンブリッジ大学は日本が範としたものですが、ああいう大学は、西洋の模範的な、典型的な教育機関でありますが、異存のないところ、ああいう大学の教育精神は、〈いかなる地位に据えても、人から信用せられ、いかなる仕事を与えても容易に習熟することができる心構え、用意のできた人物を作ること〉――これが教育の目的である、と彼らは皆申しております。

今日のような教育をして、日本の青年がいかなる地位に据えても信用せられ、いかなる仕事を与えても容易に習熟することのできるような心構え、用意ができておるでありましょうか。滅多に地位を与えたりしようものなら、何をするかわからん。仕事をさせても、さっぱりできん、という者ばかりになりかねない。これを私どもが最も憂えるのであります。

父親はどうあるべきか——細川幽斎と西園寺公望

自尊心を失い権威を放棄する父親

私は自分の本筋の学問研究の間に、ときどき散歩をいたします。あちこちから送ってくる外国の書物や新聞・雑誌・パンフレットの類に目を遊ばせます。それがたいへん興味を喚起し、新たに考えさせられることが少なくないのであります。最近、私の心を引いた二、三の時代的活問題を拾ってみます。

この頃アメリカ社会にも、やっぱり良心的な反省や警告が表だってきたな、と思われるものがちょいちょい目に映ります。その一つに、vanishing family ということがあります。「消え去る、消え（失せ）ゆく家族」ということです。

アメリカの識者が指摘する“vanishing family”という問題——これは日本にも大問題です。

何故familyがvanishし始めたかということについて、今までは、もっぱら女性の変化、女の思想・生活・行動というものが一番問題になり、話題になっておった。その中で、日本にも最も代表的に採り上げられておったのがウーマン・リブ、女性解放というものであったが、これはあまりに軽薄であった、奇矯であった。それで一時ウーマン・リブというものが流行したけれども、だんだん影が薄れてきた。ところが、それが次第に興味も意義も失われてくるにつれて、明らかに問題になってきたのが、また男性であり、特に父fatherとなってきたわけです。この頃、アメリカの評論界・思想界を見ても、これがはっきり目に映ります。日本では、まだもう一つこれが現れていませんね。どうも何事によらず、日本は後進的のようです。

ウーマン・リブというものは、家庭というものから「娘」や「母」というものを逸脱させた。伝統的本質的意義における「女」とか「母」とか「妻」というものがvanishしたが、そのうちに父族・亭主族までvanishしてきた。そしてinvisible fatherというものが問題になってきた。invisibleだから目に見えない、「見えなくなる父」というわけです。

男・夫・父の仕事が近来は昔のように簡単でない、だんだん複雑煩瑣になった。というのは、産業というものが発展し機械化し、市場というものも世界的になってきた。その産業の組織構成と、事業の競争が国内的・国際的に激しくなるにつれて、どうしても、男の仕事も複雑になり困難になってくる。それに加えて近代の急速な大都市化、これに伴ってサラリーマン、ビジネスマンが都心から離れて接続都市へどんどん移る。いわゆるメトロポリタンからメガロポリタンになるにつれて、通勤に時間を要する。一時間、二時間とかかるようになる。往復二時間、三時間となる。そうすると、朝早くから出てしまい、夜遅くでなければ帰れぬ、帰っても書類を抱えて、夜も仕事にかかるというわけで、次第に子供からは invisible ―見えない父、会えない父になり、やがて lost father になってしまうということが悩みの一つ。

それから、近代の社会生活の激変に伴って、家庭生活もだんだん変化し、子供と父というものが何かにつけ疎隔してゆく。父そのものも仕事に追われ、世の中の変化に賢明に順応してゆくことができない。次第に自負心・自尊心を失って、よく目に映る言葉で申しますと、「the authority relinquishing fathers」、authority 権威というものを relinquish 放棄する、「父たる権威というものを放棄する父親」が多く出来る。

細川幽斎と西園寺公望の場合

子供というものは、本能的に分けて言うならば、母に愛・慈愛、父に権威・尊敬・敬慕、こういう念を本能的に持っておるものである。

人間と動物を区別するギリギリ結着の問題は何かと言えば、「敬」と「恥」である。この二つは人間に根本的にたいせつなものであって、これを失うと、人間は明らかに動物並みになる。人間という獣になる。そうなると、最も悪質の獣になるわけです。外の動物が持っておらぬ知識だの才能だのというようないろいろなものを持つから、これはどうも難物になる。その獣類から人間を進歩せしめた造化の秘密というものは何か。

――それは、人間というものに至って動物の持たない「道徳」や「信仰」という精神を付与し、発達せしめたことです。それらの根柢的なものは「敬」と「恥」である。そのうち「敬」を建前とすれば、やがて「信仰・宗教」というものが発達し、「恥」という内省的なものが建前となると、「道徳」というものになってゆく。このことは従来、機会あるごとに説明したことですが、家庭においても、子供は本能的にその「愛」を母に、その「敬」を父に自ら求めておる。父は子にとって本能的に「敬」の対象でなければならぬのです。

言葉とか鞭で子供に対して要求したり説教したりする前に、父自身が子供から「敬」の対象たるにふさわしい存在たることが肝腎です。父の存在そのものが、子供に本能的に敬意を抱かしめる、彼の「敬」の本能を満足させる存在であること、――それが父たるもののオーソリティ authority である、だから父の存在―父の言動そのものが子供を、知らず知らずのうちに教化する。やさしく言えば、父の存在・父の姿・行動が、子供をして本能的に真似させられるものでなければならぬ。

子供は親父の帽子を被ってみたり、親父の靴を履いてみたりする。あれはふざけておるのではないので、今のような心理が子供によってそんな行いとなる。何も知らない浅はかな親たちが、子供がふざけておると思って笑う。実は、滑稽ではあるが、笑えない厳粛なことなのです。だから、子供の前で大胡坐《おおあぐら》をかいて、下品な言葉で怒鳴ったりするようなことが一番いけない。本当は子供が起きた時は、父親が、もうちゃんと起きて正坐しておるとか、親父の前へ出たら、子供はおのずからにして姿・形を正す。父の言葉が、おのずから子供を服せしめるというふうでなければいけない。

しかるに、そんなことは封建的でいかん、とか何とか、くだらぬ低級な理窟をつけて、一緒にふざけたり怒鳴ったりすることが人間的進歩であるというふうに考えた在来の習慣は、たいへんな間違いです。それなら二六時中、親父はしゃちこばっていなければいかんのか、というふうにとるが、そんなものじゃない。その中に春風駘蕩《たいとう》たるところも、ユーモアもあるわけです。

細川幽斎《ゆうさい》（安土桃山時代の武将・一五三四〜一六一〇）が、伜《せがれ》の忠興《ただおき》が来た時は、一向寛《くつろ》いで、くだけた態度であったが、六丸という幼い孫が来た時は、ちゃんと姿を正して慇懃《いんぎん》に会うた。家老が「御当主に対しては、あんなにくだけて御引見なさるのに、お孫さんには、どうしてそんなに形を改めてお会いになりますか」と聞くと、「もう伜は出来てしまったものだから、それでよい。孫は、これからものになるのじゃから、こちらも敬して会わねばいかんのだ」と言ったので、家老は感服したという話がある。

近衛《このえ》（文麿）さんの大学生時代、西園寺《さいおんじ》（公望《きんもち》）公に呼ばれて、おっかなびっくり伺候すると、西園寺さんは態度を改めて「公爵、公爵」と敬称を使われる。まだ若くて、出来ておらぬ近衛さんが、何だか、はなはだくすぐったくて、「私に公爵公爵なんて、そんなしかつめらしいことを言わんでください」と言ったところが、西園寺さんが、「いや、そうではありません。貴方はたいせつなんだから当然です」と言われた。後で側近の者に「あれじゃから困る。儂《わし》が『公爵公爵』と言っているのは、何も皮肉や、からかって言っておるのではない。立派な公爵になって欲しいと思うから礼を正しておるのに、それが分らんかのう」と嘆かれたという。

そういうところが西園寺さんと近衛さんと違うところで、それだけ西園寺さんは教養が深かった、心境ができておった。近衛さんには、それだけの教養や心境がなかった。

余談になったが、だんだんアメリカも、社会的・経済的・文明的、あらゆる面の変遷から vanishing family が広がり、その family は、まず母親というもの、妻というもの、娘というものの異変から、進んで父の問題になってきた。今や父の影が薄くなってきた。子供や家族、ひいては社会に“devastating results”devastateとは荒廃ということだから、確かに恐るべき結果です。こういう警説がまだあまり日本のジャーナリズムに出てこない。が、先方の文書ではちょいちょいお目にかかる。しかし、これはすでに日本の問題であります。日本にまだ現われないということが、実は「日本の文明による頽廃」がまだアメリカよりまし、なのか、覚醒が遅れているか、どっちかです。

「道徳」の美学

人間としてのあり方を美しく自然にするもの

道徳について、私がいつも気になることは、どうも道徳ということを、一般的には、何か我々の生活上の特殊な問題のように考える癖がついている。特殊なこと、不自然なこと、無理なこと、強制しなければできないことのような、そういう先入観があります。これを先生たる者、教師たる者、教育者たる者は、まず直さなければならないと思う。

人間が禽獣的・動物的段階からだんだん発達してくるにつれて、善であること、美であること、真実であること、神聖ということ、つまり価値観というものができてきました。そして現実の上に理想が考えられるようになってきて、だんだん動物と違うようになってきた。そこに自然に生じてきたものが道徳というものであって、道徳とは、一般観念と違って、最も自然なものなのです。道徳とは特殊なもの、不自然なもの、何か作為的なもの、強制的なものだと考えることが根本的な間違いで、逆に、道徳というものが一番自然なもの、最も真実なものであるということは、はっきりわきまえなければいけない。また、わきまえさせなければいけない。これをなくしたら、元の禽獣にはね返ってしまう。

早い話が飲食をするということ、飲んだり食ったりするということが、これからして実は道徳なのです。人間ともなれば、犬や猫のようにはできぬ。飲食の仕方が違ってくる。茶事に会席がある。小笠原流だ、何流だといって、やかましい。そういうものばかり見て、何か窮屈な厄介なことのように思うのですが、そうでない。そうすることが一番誤りのない自然の作法なのです。男女の営みも、野合は動物的で、人間なら恥ずかしくてできないはずです。人が人らしくあるには、どうなければならぬか、それが道徳なのです。

だから、道徳の中には元来、真・善・美・聖たること皆はいっておったのです。だから、「仏教とは何ぞや」というようなことを尋ねる雲水に向かって、趙州和尚は「お前、飯を食ったか」「頂きました」「茶碗を洗ったか」「はい、洗いました」「よろしい。退りなさい」と言った。

また「〝道〟とは何ぞや」というある僧の問いに、同和尚は「牆外底《しょうがいてい》」。そりゃ、その牆《かき》の外にあるさ。「底」とは「何々するところのもの」という字で、「的」とまあ同字です。馬鹿にされたと思った雲水怒って、「そんな道を尋ねていませんよ」「何の道を尋ねておるのか」「仏教の大道を尋ねておるんです」「ああ、大道は長安に通っておる」。国道一号線だ。こう答えておる。有名な公案です。「道」というものを概念的・論理的にばかり考え込んでおる雲水に、〝道〟は実践するものだ、ということを教えたわけである。信仰とか宗教とかいうことは日常の実践なのだ。つまり道徳なのだ。

西洋でも物のわかった学者は、宗教と道徳とを区別したのは、人間のとんでもない間違いだと言っておるが、その通りで、広い意味において、人たることは道徳なのだ。すべて、人間はいかに生くべきかということなのであって、これを間違えたら人間は破壊してしまう。

礼儀作法というものも、やっぱりそうで、たとえば静坐をする、坐禅をする。足の痛いのを我慢して坐る。修養というものは苦しいもんだ――と、こういうふうに皆考えておるが、そうではない。道元禅師も言っておられるが、「坐禅は即ち是れ、安楽法門なり」。坐禅をするということが、一番安楽の生き方だというのです。当世ばやりの飜訳的口調でいうなら「根本的存在様式」とでもいうべきなのです。

どうも〝立つ〟という人間のあり方が、大体、不自然です。前足を手にしたわけです。ときどき、まず腰を据えて脊梁骨を真直ぐに立て、そうして結跏《けっか》なり、半跏なり、正坐なりやってみる必要がある。そうすることが一番正しい自然な姿なのです。肩肱張ったり、体をくねらしたりするあり方、そんな姿勢は良くない。眼科の大家・伊藤弥恵治教授の話でしたが、戦争末期に千葉医大で戦争恐怖症の患者の治療に困ったことがある。その時、偶然発見したのは、ゴムバンドで足の高股をしばる。すると足がしびれてくる。それをある時間計っておってパッと解く。足の先へ血が行かなくなるから、だんだん足が腐ってくるわけで、毒素を出す。それがパッとゴムバンドがほどかれた拍子に、反動で血液が通る、それでコトリと恐怖症が落ちた。人間は、毒素の多い人間ほど、一日のうちに、足がしびれるくらいの正坐を何回かやると、身心ともに健康になる。俺はどうも毒が多いと思う人間は、一日何回か足がしびれるほど坐ってみるがよい。そういうふうに、修行は自然なものだ。

躾《しつけ》という字はうまく出来ておる。「身」という字を偏《へん》にして、「美」という字を旁《つくり》にした。これは日本でこしらえた字でありますが、まことによく出来た字です。体をきれいにする。人間としてのあり方、生き方、動き方を美しくするものです。

お作法というものは非常に自然なもので、美しいものだ。箸《はし》でも取る時に、こうしてわしづかみのようにして取ると、一本落としたりする。この箸というものは、お作法通りにすれば決して落とすことはない。お椀の蓋《ふた》でもそうだ。急に蓋をつまみ取ろうとすると、中の湯気で吸いついて取れないで、がちゃんと引っくり返したりする。これは必ずお椀の縁《ふち》を左の手でちょっと押さえて右で取れば何なく取れる。決して引っくり返すことはない。それこそ科学的に解析したら、礼儀作法というものは実に合理的なものだ。

つまり道徳というものは、小なり大なり人間のあり方、人間の行動をいかに自然にするか、いかに真にするか、美にするか、人と人との間をいかに良くするかです。これが道徳です。

教育とは「垂範」である

人間が禽獣ではなく、人間らしく生きる道が道徳なんです。そこで道徳というものは刑罰でもない、理窟でもない、最も真実・自然なのだから、そこで道徳教育、生徒の道徳実習ということになってくると、どうしても指導者・師たる者が言論よりも方法よりも、強制よりも何よりも、自然に自らお手本になるということです。身を以て垂範する。だから教育の教という字は、これは效（ならう）、人間の則《のっと》り效う所となるという字です。先生が生徒のお手本になるというのが教育です。訓育のもう一つ根本問題です。

子供は理窟はわからなくても、お手本を見て倣うものです。模倣模倣というけれども、模倣は感化で、人間の本能です。子供は何もいたずらに模倣するのではない。化せられるのです。そこに家庭における父母の道徳実習のデリカシー、微妙さがある。家庭における子供の躾ということは、子供を叱ったり、強制したりすることではない。父母のあり方が、自然にお手本になることなのです。シナの大石内蔵助《くらのすけ》、つまり日本の大石内蔵助を大陸版にしたような晋《しん》の謝安《しゃあん》、非常に偉い人だが、奥さんは教育熱心な賢夫人で、ある日「あなたは、ちっとも子供を教えてくださらない」と嘆いた時、謝安は、平然として「いや、わしは年中教えておるつもりだが……」と答えた。本当の家庭教育というものはこういうものです。

この頃、各家庭にテレビがあるので、小さい子供までが、いつの間にかテレビでいろんなことを知る。ある晩、若い親父《おやじ》が酔ってフラフラ家へ帰ってきたら、玄関へとび出してきた、まだ口もろくに回らぬ幼子が、ちょうどテレビの時代劇で見ていた通り、ちゃんと坐って「父上！　ムニャムニャ」とやった。とたんに酔っぱらい親父は思わずペタリと坐って恭《うやうや》しく答礼した。これは非常に面白い話です。親子が顛倒、親父が幼児に教えられたわけで、ここに教育の微妙な消息がある。

道徳は自然である。美しい。それはそのままの垂範である。だからドイツ語でフォールビルダー Vorbilder（垂範者）という。フューラー Führer（統率者）と違う。ヒットラーはフューラーになったからいけない。フォールビルダー、垂範者にならねばいけないと哲学者が論ずるわけです。

その垂範、文字通りの教育にたいせつなものは人間の情緒です。パスカルも、頭の論理に対して〝感情は心の論理だ〟と言うておる。人間そのままを表す意識が感情というものです。情緒を養うて、それに理性や躾をつけることです。

昔の武士道は、その点、偉いものです。ことに武士道の女性教育は大したものです。この頃、流行語の「人間形成」――これも、あまりうまくない言葉だ。消化不良を起こしそうな言葉だ。それはとにかく、女性の人間形成に武士は実に叡智を出した。日本女性の理想像というものを立派に作り上げた。そして道徳学習を徹底的に女性に行った。そうして、茶の湯・活け花・行儀作法など、美的教育を併用し、それだけでは偽善的・形式的な女になりかねないから、さらにまた、音楽・文芸で恋愛教育を施したのです。

芸者の坐作進退の美しさ

日本婦人の古典的な坐作《さ》進退というものくらい美的なものはない。ある外国人が感嘆して話しておりましたが、その人がある宴席で話しておったら、「ごめんください」と声がして、スーッと襖《ふすま》があいて、ひょいと見ると、きれいな芸者が、日本髪を結い、裾を引いて、半身のまま襖をあけ、恭しくおじぎをした。それからスーッと入って、また横を向いて襖をちゃんとしめ、開き直ってそばに進み、またおじぎをした。それをしげしげ見てお

って、
「実に美しい。日本婦人の振舞・動作というものは、これはもう世界で見られない静かな美しい舞踊だ。襖がスーッとあいて、何かと思ったら、顔を斜めに、半身を見せて、それから正面を見せて、また逆の半面を見せて、それから襖をしめて、また向き直って立って、坐って、このリズムが何ともいえない。実にすばらしい。そこへゆくと、我々の国のはなっておらん。ドアをガタンピシャンやって、直線的騒音的で、実にブルータル（動物的）だ」と。

こんなことは、なかなか日本人には気がつかない。外国人だから、そういうことに気づく。古い日本婦人を封建的奴隷だというような観察は為にするところある偏見です。眼鏡をかければ黒くも青くも見られます。心ある歴史学者・社会学者は「徳川時代がよく続いたのは、要するに武士の女性教育・婦人教育のおかげだ。あれがなかったら、幕府はあれだけ持たなかったろう。その半分で滅びたろう。あと半分は女の力だ」と言っております。

今度の戦争でも、どうも概して男どもより女の方が消極的にはしっかりしておった。弾力的だった。そして犠牲的だった。そこに女の偉いところがある。易哲学で言うと、陰と陽の、陰が本体で、陽が作用の方です。だから、最も造化自然であるところの生産というものは女の領分で、男はいかなる英雄豪傑といえども、子を生むことはできない。これはどうも女に任せるほかはない。だから、それだけ女は包容力・忍耐力・生産力を持っておる。教育は垂範とともに情操教育がたいせつです。こういう根本原則が整えば、これに依って具体的方法はいくらも出てくると思う。こういう根本を閑却して、便利な方法を発見してみても、決してうまくゆくものではありません。

東洋哲学からみた宗教と道徳

人生すべて「務本立大」

今晩のような会で人生万般の問題が次々に出てきますと、おそらく夜を以て日についで議論しても収まるところがない、ということになろうと思います。それでこういうふうになってくると、なるべく「本《もと》に反《かえ》る」ということが大事であります。人生すべてそうでありまして、難しい問題ほど本に反るということを始終考える必要がある。孔子も「君子は本を務む」――「務本」ということを言っております。『孟子』には「先づその大なるものを立つ」――「立大」とあります。「務本立大」ということが儒教の一根本教理と言っていいでしょう。これは神道でも、仏教でも、道教でも、それぞれ言葉は変わるけれども、同じことであります。それで私は議論が紛糾してくると、いつでも、本を務む、まず、その大なるものを立てるということを提唱して解決するのです。

今夜出ました、宗教と教育・人間ということに関する問題は、これまでの師道研修会でも幾度か出たように記憶しております。ある時は私が相当長時間にわたって、宗教とは何であるか、道徳とは何であるか、人間の人間たる要義はそういう立場から言ってどういうものであるか、といったようなことを、かなり打ち込んでお話をしたようにも記憶しております。

今夜は皆さんの話を聞きながら、いくつかの問題を捕えたのですが、まず特殊宗教、あるいは既成宗教の問題、特に、「宗教教育というものはたいへん難しい。容易に、ただ宗教というものを取り上げる、あるいは奨励するということは警戒を要する」ということから入っていきたいと思います。

本源を忘れた宗教教育の失敗

一応確かにその通りでありますが、戦前、まだ日本の各府県が知事の下に内務部長、警察部長、学務部長という職制のあった頃、文部省で学務部長会議があった。その折「近頃の学校教育、学生生徒はどうも宗教心がない。そこで教育に宗教を採り入れる必要がありはせんか」ということが論題になって、「まことに然《しか》り」という多数の共鳴で、各学務部長がそれぞれ任地に帰って中学校長や小学校長を集めて、大いに学校教育に宗教を採り入れるようにと奨励をした。「ごもっともである」というわけで、ある学校長は禅を採り入れ、坐禅を奨励した。またある学校長は日蓮宗の熱烈な信者で、盛んに法華経、御題目を奨励した。ある女学校長は熱心なクリスチャンで、キリスト教の行事を採り入れ、お祈りをやらせる。まあいろいろなことが起こってきた。

すると大塚の高等師範（前・東京教育大、現・筑波大）で、その後、全国の中学校長会議があって、そのせつ文部省督学官から、「宗教教育は結構であるが、一宗一派に偏することはいけない」という訓示があった。散会の後、五〜六人の校長さんたちが私のところに見えて、「こういう次第ですが、わかったようで、わからなくなりました。宗教教育を加味しろと言われて、もっともだと思ってやりだしたら、そういう個々の特殊宗教、既成宗教になってはいかん。キリスト教の行事を入れるのもいけない。南無妙法蓮華経もいけない、坐禅もいけない、何もかも皆これは特殊だ。そういうことなら、一体どうすれば宗教教育になるんでしょうか。〝宗教とは何ぞや〟といったような宗教学概論でもやるほかない、が、そんなものは宗教じゃない。宗教というものを対象にした科学的知識にすぎない。『宗教を採り入れろ。しかしながら一宗一派はいかん』ということになれば、実際問題としてどうしたらいいんでしょうか、と、その督学官に尋ねようと思ったが、講演だけしてさっさと帰って行ってしまったので、追っかけて行く根気もなく、先生とこに来ました」

――ということでした。

それで私は即座に答えました。

「それについては理論はいくらでもできる。しかし抽象論よりは具体的の実例でお答えすれば、すぐおわかりになるだろう。学務部長が県下の学校を視察して、『どうも殺風景でいかん。校庭に木を植えなさい』とこういう奨励をした。そこで学校側はもっともとばかりに、ある校長は、日本精神は桜の花だと、本居宣長《もとおりのりなが》を思い出して大いに桜を植えた。ある校長は、『雪中の松柏愈々青々』で、渝《かわ》らざる人間の気節というものを象徴する意味において松を植え、ある校長は、なかなかチャッカリ屋で経済に長《た》けており、手っ取り早く金になるのは桐の木だと知って桐を植えた。すると、その後へ回って来た督学官が、『木を植えることは結構だけれども一草一木を選んでは困る』――と、こう言うたのと同じことですね。木を植えろ。何か木を植えると、それは一草一木であるからいけない。一草一木にわたらざる木を植えろということになっては、これは何とも問題にならぬ。それと同じだろう」

と言ったら、「なるほど、その通りです」というわけです。

そこで解決は、すぐつきます。宗教というものを概念的に考えたら、これは宗教にならない。「宗教に関する知識」にすぎない。多く断片的知識に終わってしまう。そこで宗教というものを具体的に考えると、それは必ず一宗一派になる。すでに仏教といい、キリスト教といい、マホメット教（イスラム教）というものからして一宗一派である。宗教というものから言うならば、またその中の仏教一つとっても、顕教もあれば密教もある。さらに詳しく言えば、それこそ八宗も百宗もある。「教外別伝《きょうげべつでん》・不立文字《ふりゅうもんじ》」を旨とする禅といったって、ずいぶん派ができておる。日蓮宗にしても何宗にしても、だんだん内に入っていけばいくほど、多くの宗派がある。そこで具体的に宗教を採り入れるということになれば、どうしても仏教、仏教の聖道門、あるいは浄土門、その中のまた何々と、一宗一派になることは、これは当然である。一宗一派、宗教というものに関連のない宗教というものは、松でも杉でも梅でも何でもない木というものと同じことなんだから、事実そんなものはあり得ない。一宗一派で本来少しも差し支えない、結構である。

ただし、その一宗一派になっていくにしたがって、宗教そのものの本質・本義というものを失うようになると、これはいけない。木も、根から幹、幹から大枝、大枝から小枝、それから花を開き実をつける。それはいいが、それからだんだん末梢化するにしたがって、木の生命を失ってくる。うつろいやすく、散りやすいものになる。そのために木そのものを傷《いた》める。それで植木屋は、しょっちゅうチャキチャキ、チャキチャキと鋏《はさみ》を鳴らして枝葉を刈っておる。良い木を育てよう、あるいは良い花を咲かそう、良い実を成らそうと思えば、始終、植木屋のように剪定《せんてい》をする必要がある。枝葉を刈る必要がある。あるいは花や果物をもぎる必要がある。これを果断・果決という。決も断ももぎることです。果断・果決でないと、せっかくの花、せっかくの実がものにならぬ。

即ち枝葉末節に分かれてくると、次第に宗教そのものの本義を失ってくる。そして慈悲を旨とするところの宗教家が闘争を始める。

今時、最も話題になっている一つ、創価学会も、あれは日蓮宗の一派の大石寺派である。大石寺の開山は日興《にっこう》という日蓮上人の高弟中の一人である。これが上人亡き後、大檀那《だんな》としっくりいかないこともあって、身延を出て、今の富士宮の大石寺を興した。そして亡くなる時は自分の師が身延に葬られておられるのであるから、自分の墓は師の方に向けて建ててくれ、即ち身延の方に向けて建ててくれ、と遺言をして亡くなったような人でありまず。その大石寺を本拠とするところの教団が、身延本山にデモをかける、本山と闘争を開始するというようなことになってくるから、やかましい問題になるのです。一般信者にも、神棚を潰せ、仏壇を改めろというので物議を起こします。

禅宗にしても、昔から「野狐禅」といって、禅そのものから逸脱した弊害に堪えない独り免許のとんだ偏執ができる。真宗にしても、浄土宗にしても、すでに親鸞上人《しんらんしょうにん》の時に上人自ら『歎異鈔《たんにしょう》』の中に言うておられるが、悪いことは何してもかまわん、阿弥陀さんがおいでになる、「南無阿弥陀仏」と言ったら、皆助けてもらえる。こういう虫のいい南無阿弥陀仏は、「薬有り、毒を好めと言うが如し」、とんでもないことだ、と言うて戒めておられる。

この頃の文明人・文化人・市民はまさにこの通りですね。テレビで薬の広告の盛んなこと。寝るのにも薬、食うにも薬、勉強するのにも薬、通勤するのにも薬さえあればよいというふうで、まさに上人の言われる通りだ。「薬有り、毒を好め」というようなもので、これが市民生活と言うて少しも差し支えない。そうなってきたらいけない。

しかしそうかといって、「日蓮宗も真宗も禅宗も何もかも皆いけない、仏教はいい」などと言ったって、そんな仏教はありはしないのです。仏教もすでに一宗一派だ。だから、結局根本に反って宗教とは何か、ということをしっかり体得すれば、それで解決するのです。枝葉へ行ったら迷うばかり、矛盾するばかりでどうにもなりません。宗教大いに学ぶべし。一宗一派結構である。けれども一宗一派によって宗教の本義・本質を失うようになっては間違いである。ということをはっきり知ればいい。

宗教の本義――本源に立ち返って全体的創造に生きる

それでは、宗教の本義とは何か――ということになると、これを諄々とお話しすれば、それこそ何日かけても尽きせぬ問題である。しかしまた、その〝一斑を挙げて全豹を推す〟ということも出来る。たとえば、この頃の人は科学科学といって、往々、科学的迷妄や科学的過信に走っておることも枝葉末節現象の一つです。

その科学が非常に変わってきておる。終戦前後の人たちが科学的と思っておったことが、今日の科学では恐るべき非科学的になっておることも、どれくらいあるかわかりません。反対に今まで迷信的な、非科学的なものだと一般に思われておったものが、最も新しい科学的なものになってきておる例が少なくありません。そういう例は際限なくあり、結局、学問をやって独断・偏見という横道に走るからいけない。学問をやる者は、根本において、どこまでも自然と人間――人天に対して敬虔《けいけん》であり、常に何事に対しても真剣に、まことに、無我になって学んでいく――この「本を務め」なければならない。そういう精神が、何が「大なるもの」かを知らせる。「務本立大」をやらなければ、学問をやっても毒になる。修行をしても損なわれることが多いのであります。

「人天」というと、人間と自然とを一如した考えの言葉で、古くさく思う人々もまだ現代には多いでしょうが、これとても、学者のごく特殊な専門分野に、異常な興味を持って注意の的となっておるタイヤール・ド・シャルダン Teilhard de Chardin（1881 ~ 1955）は、誰もよく知っているアインシュタインを半円とすると、相俟って全《まつた》い一つの円を作る他の半円に相当する人物と言われておる人で、敬虔なジェスイット派司祭で、地質学・古生物学・進化論学者で、壮大な視野を以ての観察で特色があるのですが、この人の『現象としての人間』という著が最近訳刊されています。

アインシュタインという人は、人間から出発して次第次第に宇宙の原理を探究していった人ですが、このタイヤールは、やはりアインシュタインの学問に傾倒して、やがて彼はアインシュタインとは逆のコースを辿った人です。つまり、宇宙の微塵即ちフムスHumus、仰いで見る星宿は、みな宇宙の微塵で、地球など全く文字通り微塵ですが、このアインシュタインは、次第に人間から出発して宇宙のフムスに研究の歩を進め、相対性原理を実証していった人でありますが、タイヤールは、その宇宙のフムス＝微塵から次第に人間に反って行った。だから、ちょうど半円になるわけです。

ところで、宇宙のフムス、この世界、これは今日の科学ではアトム・原子の探求でやかましい。アトムの世界、アトモスフィアatmosphere、これは原始的にはもっぱら水(hydro-)を原《もと》とする世界ですから、換言すればハイドロスフィアhydrosphere、つまり無機物の物質的・原子的世界ですが、この世界から無機物の変化世界ゼオスフィアgeosphereが開け、そこから、有機的生命的世界ビオスフィアbiosphereの世界が発展してきた。そのビオスフィアから心というものの発展と、その創作の世界ノースフィア、ヌースフィアnoosphere（noosは英語で言うマインドmind）で、心霊の世界、即ち人格の世界が発展してきた。

この人はキリスト教の聖職者ですが、古いキリスト教では「人は神の子である、人間と他の動物とは全然別種のものである。人間というものは特別のものである」と、人間の権威のために考えてきたのであるが、この人は、つまり人間という存在、人間生命、人格、心霊の世界も、有機的な物質の世界も、無機的な物質の世界も、これは皆、宇宙的発展の壮大な系列の下に一貫して大観しておる。

この人間の世界、生命の世界、心霊の世界の根源関連が、有機的な、あるいは無機的な世界、物質の世界にもある。無から有は生じない。有るからこそ、こういうものが発展してきた。つまり人と物とを同一系列の下に観て、人間とか生命とか心霊とかいうものを特別のものと観ない。つまり宇宙のフムス（微塵）から出て、そういう神秘な人間生命、人格、心霊の世界に入った。これは科学としては非常な、面白い意義深い学問的発展である。

こういうことは科学万能の近代の西洋的思想や理論家から言うと、非常に異色のある、ショッキングな問題なんだけれども、我々東洋人から言うなら、これは当り前のことで、一向珍しくない。

東洋的に言えば「天地同根、万物一体」という思想だ。

四書五経の昔から、もう耳にたこができるほど言われてきておる問題で、それを新しく二十世紀的、一九〇〇年代的に、西洋思想的に言うたわけです。だから、こういう理論・学説を聞くと、我々は、「やはりなあ」と同感共鳴を禁じ得ません。タイヤールに、おそらく東洋哲学・仏教哲学・儒教哲学・老荘玄学などを読ませたら驚喜するだろうと思うが、惜しいことと思う。（タイヤールの思想について、二三六頁参照）

宗教というものは、つまりこういうハイドロスフィア、アトモスフィアから、ゼオスフィア、ビオスフィア、ノースフィアというふうにだんだん発展してくるその創造過程において、いろいろ分派・末梢化が起こってきた。そして、ここに人間生活でも、政治だの経済だの、文芸だの学問だのというふうに、いろいろ、さまざまな問題が分れてきたが、これを末梢化しないで、たえず小枝は大枝に、大枝は幹に、幹は根に反って、この根本から生活しよう、考察しよう、行動しようという——これが宗教です。

つまり、宗教とは、常に人間生活・人間精神の一番本源大宗に立ち反って全体的創造に生きようというものです。だから宗教という。「宗」というのは本家ということだ。分家の本家だ。科学の「科」という字は〝枝〟という意味の字だ。これは分れるものを示す。「宗教」というのは本家の教え、それから分れた枝葉の学問が「科学」です。うまいこと付けたものだ。明治初年の人々は皆、漢学の教養があったものだから訳がうまい。大正以後になると、文字の教養が落ちたものだから訳が拙劣であります。

「易」の理法からみた宗教と道徳

さて、今は、人間生活そのものが、現代文明とともにあまり枝葉末節に走って、大本から離れすぎた弊がひどい。

いま言ったように、宗教というものは、文字通り、人間精神、人間生命、人間そのものの根本に反ることであります。何が人間の根本かといえば、せっかく何億年かかってノースフィア、心霊の世界、人格の世界、道義の世界まで到達したのです。それを、わざわざ何億年もさかのぼってハイドロスフィアだの、アトモスフィアだの、ゼオスフィアの唯物主義世界に返らなくてもいいじゃないか。何億年もかかって、ようやく心の世界まで来たものを、それを無視して単なる物質的世界、動物的世界観へ逆戻りしようなどというのは、大体無理な話だ。やっぱり人間の人格だとか、精神だとか、道徳だとか、信仰を重んじ、これに生きるということを考えなくては、何がために自然が、天がここまで苦労をしたか、わからなくなる。これは大なる逆行を試みるものであります。後ろ向きもはなはだしい。前前向き前向き、進歩進歩と言う連中が、得てして唯物的動物的誤謬を犯して悟らない。前向き先生、進歩先生というものが、実はとんだ退歩先生、後ろ向き先生であることが少なくない。

そこでアトムの世界から人間精神、心霊・人格まで発展してきた生命というものを見てくると、再び枝葉末節に走らぬように、またそれを本に反すように努力して行くことがたいせつです。

そこで先ほどの話になるのですが、人間というものは、こういうわけで、いわば限りなく進歩し、向上してきたものである。この無限の過程を根とすると、ここから人間という幹を出して、そして人間の精神活動という発展をしてきた。この少しでも高く、尊く、大いなる存在に向かおうとする本能、この心の働きが、人間に、「敬する、敬仰する」という心を生ずるようになった。そうすると〈陰陽相待性理法・易の理法〉によって、最も解しやすいが、「仰ぐ、参る」ということがあると、今度は必ず「返る、省みる」という働きがある。これによって「恥づる」という心が生まれる。

仰ぐ―敬する。省みる―恥づる。この相待性心理が人間の根本的な「徳」です。

だから「仰ぎ見る」ということを知らない人間と、「恥づる」ことをわきまえない人間とは、一番非人間的である。したがって、なるべく純真な、いたいけな児童・少年時代に、まず与えなければならぬことは、「敬する」ということと「恥づる」という徳を身に付けることです。これは子供が本能的に持っておるのですから、すぐ会得する。だから、何かいけないことが目についた時に、バカヤローなんて罵ることは禁物であります。それは純真な子供の精神を傷つけることであります。「そんなことをしたら恥づかしいじゃないか」と言えば、子供は本能ですぐわかる。顔を赤くする。「立派な人は、偉い人はそんなことしませんよ」と言えば、子供の「敬」の心に訴える。そして必ず、少しでもそこへ近づこうとする。これを「参る」という。

これが大事なことです。何処に参る、行って参ります、お寺に参る、日本人はいまだに使っておるでしょう。この言葉は本来、敬するものへ近づこうとすることです。「参ずる」ともいうが「参」は「まじる」とも読み、「天地に参す」などと言う。非常に日本的な、人間的な、人格的な良い言葉です。私はいつも感心するのですが、西洋にあるラブ love とか、リーベン lieben とか、愛する、恋するなんていう語がある。あれは日本人にはしっくりしない。「私はあなたを愛します」なんて言うのはどうも気障《きざ》だ。それよりは「俺はあいつに参った」と言う方がよほど日本的で、かつ精神的価値も意義も高い。「俺はあいつに参った」ということは、「あの女は偉い」ということだ、尊敬することだ。ラブだのリーベンだのと言うよりは、よっぽど値打ちがある。いわんや勝負をして負けて、「参った」と言うのは、これは日本人だけでしょう。たいてい、吐き出すような、悔しがる言葉しか出さぬが、日本人は、特に日本の武士は勝負に負けて「参った」と言う。「参った」ということは敵を偉いと言って誉めることです。これは立派な精神です。

とにかく人間は、我々は、親に、子に、妻に、夫に、師に、友に参らねばいけない。参るということは神・仏ばかりではない、人間互いに参らぬような人間は、これは恥を知らぬ人間です。参れば必ず進んで尽くしたくなる。その人のために、自分を犠牲にしていろんなことがしたくなる。これを「はべる」(侍る)とか「さむらふ」(候ふ)とか「まつる」(祭る＝奉る)とか言うのです。いまだにこの言葉は日本で使っておる。この頃、候文を使わなくなったが、「たてまつる」とか「まつる」とか始終使ってきた。そしてこれに対して、省みて恥づるから戒《いまし》める、慎《つつし》む、畏れる、律する等々、こういういろいろの心の働きが起こってくる。

その敬する、仰ぐ、参る、候ふ、侍る、祭る(奉る)という、己をこれへ打ち込む、いわゆる献ずる「自献」する心ですね、これが建前になる時に、これを「宗教」という。それから省みて恥じ、戒め、慎み、畏れ、律していく、これが建前となる時に、これを「道徳」という。仮に西洋流に分析説明すると、こういうことになる。

ところが世の中にはよく知ったかぶり、いかにもわかったようなふうで、「いや道徳ではだめである、宗教でなきゃいかん」という人が少なくない。宗教と道徳とを截然と二つに分けて論ずるのであるが、これは一知半解というものです。そういうものじゃない。宗教・道徳というものは不可分のものであって、建前の相違です。つまり表れ方の相違、持《もち》場《ば》の相違です。

宗教なき道徳というものはない。宗教なき道徳などというものは道徳じゃない。道徳という時は宗教がその中にある。道徳なき宗教なんてものも、ありゃしない。宗教という時には、道徳はその中に入っておる。

そこで、東洋哲学ではこれを一つにして「道」という。道というのは、人間がこれを踏まなければ目的地へ到達しない、進歩しない。そして、こういうものは実践――つまり本当の生活、活動、行、実践の問題で、道というものは歩かなければどうにもならんものなのです。ほっといたら草茫々になって、どうにも動けなくなってしまう。そこで、目的に向かって進むという意味、実践という意味を具体的に徴して「道」という。

道の中に、分けて言えば宗教と道徳とがあるのです。この精神、この内容、これを豊かに、明らかに持つ限りにおいては、浄土門であろうが、聖道門であろうが、つまり仏教であろうが、キリスト教であろうが、何であろうが構わない。この本質を失うに及んでは、いかなる一宗一派も皆それは宗教としては堕落であります。また宗教性つまり偉大なるもの、高次のものを敬仰する祭りを持たない戒律なんていうものは、これは形式道徳、生命を失った型の如き道徳で、これは本当の道徳じゃない。

道徳というと、すぐコチコチの形式道徳を考えて、「いや道徳じゃまだいかん、宗教までいかなきゃいかん」と言うのは、いわゆる一知半解であります。けれども得々としてそう言う人が多い。これは確かに半分わかっておるが半分わかっておらぬ。そのわからぬ半分が大事なのです。その大事なところのわからない、わかったような人がずいぶん多い。

おしひろげて言えば、あるいは根本的に言えば、我々の修養、我々の教育、我々の政治、文化、すべて人間に、この相待的な原理、相待性原理、即ち宗教だの道徳だのという「道」を人に知らせる、子供に授ける、それへ連れていくから「みちびく」(導く)という。道に引っぱっていく、導くことが人間の根本問題です。これがまた総括して、教育というものの根本義であります。これさえわかれば、いろいろの部分的・分析的・具体的な問題の対策というものは皆、解決するはずです。いたずらに生活の枝葉末節に捕われておっては、この文化社会の人間はついに支離滅裂に走って滅亡するでしょう。神・儒・仏・老等の古典が難しければ、特色豊かな新しいスイスの思想家のマックス・ピカート Max Picard のものなど読んでみるのも有益でありましょう。

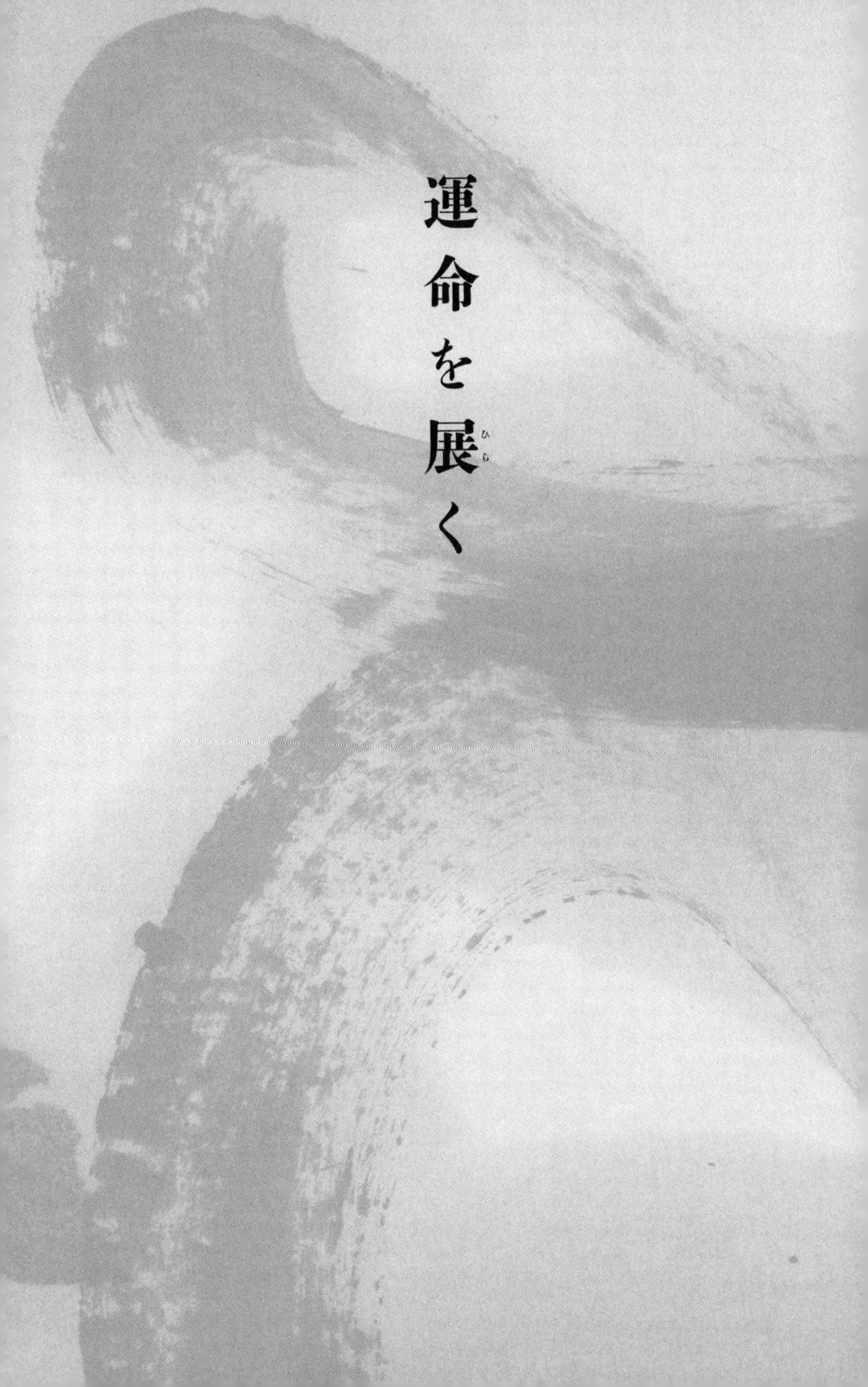

運命を展《ひら》く

中年の危機——樹に学ぶ人間の五衰

忙しいときの「閑」こそ本もの

私は近来つくづく思う。現代はあまり忙しすぎる。そうして、忙しいばかりでなく、皆少しのぼせている気味がある。のぼせるときは、つい過《あやま》る。「世間何人か忙裏錯過《ぼうりさっか》せざる」だ。神経がいらいらするものであるから、つい人とも紛争する。さなきだに殺伐な世の中をますます荒《すさ》ませる。そこで少し神経を鎮《しず》める話、暢気《のんき》な話で皆さんの頭脳に余裕をつけてあげたいと思うのです。題して「農閑学」という。その意味は〝農事の閑の時のもの学び〟という意味でもある。あるいは、また〝農人の閑な、あるいは無駄なもの学び〟という意味にもなります。ところがこの〝閑〟が実は、はなはだ閑でない、無駄あながち無駄でない。多忙というものを静かに考えると実につまらぬことが多い。しかし、また人間は多忙ぐらいでなければならぬ。ただ忙人ほど閑を要する。元来、閑は——これが大事なところだ——忙裏（忙しい中）に得るを以て最も妙とする。古人の言葉にこういうのがある。

得レ閑多事ノ外。知レ足少年ノ中。

閑を得る多事の外、足《た》るを知る少年の中。

忙しいから閑を見つける。それが本当の閑だ。世間が相手にしてくれぬような閑はだめだ。また「足るを知る」ということは、年を取ってぼけてしまってからではつまらぬ。若いうちにちゃんと知らねばならぬ。が、真木和泉《まきいずみ》（真木和泉守、名は保臣《やすおみ》。明治維新の先駆者。久留米水天宮の祠官。一八一三～一八六四）の『何傷録《かしょうろく》』の中にも、

「胸襟を綽々《しゃくしゃく》と余裕ある様にしてこそ大義に当りて忠孝の道もゆるりとなし得べけれ」

さすが真木和泉、あのきかぬ気の清川八郎（庄内藩郷士出身、幕末尊攘派の志士。一八三〇～一八六三）が〝鎮西《ちんぜい》第一の風格〟と言った真木和泉、まことにそうなければならない。いかにも、せっかく大義に当たって忠孝の道もヒステリックではとてもいけない。真木和泉は、また言っている。

「末の世の習《ならい》にて兎《と》角《かく》胷襟《きょうきん》狭隘、懐抱忌刻《きこく》にして、萬事に疑猜おほく、よく氣のきゝをる様なれども、せはせは敷《しく》して人も嫌ひ、吾身もとかう氣遣ひおほく、苦心することあり。とても世にあらん限り首尾きづかひのみせんも無益の事なり。丈夫たらんものは、世俗に

所謂《いわゆる》大竹を打割りたらん様に磊塊洒落《らいかいしゃらく》とあれば、出でて人に交り、入りて家人に接するに、おのずから彼よりも吾に化して、忌刻なるものもさらさらとなるものなり。生涯にていかばかりの得《とく》なるべき。これ長寿を祈る一助にもなりぬべし」

どうも近代は懐抱（胸のうち）忌刻（他人を妬んでむごく当たる）にしてせわせわしいから人が嫌う。今日この際、農に関連して閑話をするのも面白いと思います。

幸田露伴の樹相学

はじめにご紹介したいと思うのは樹相哲学とも言うべきものである。土に親しみ山川草木を愛する農業者であるところの諸君は、樹の語る哲学を持つことも、またゆかしいことだ。樹に関しては、いろいろな哲学あり、文学あり、信仰あり、これもまた無限であるが、ここに一つ面白い樹相学を紹介します。これは幸田露伴翁が昔、名文をもって論じている。趣味津々たる文章であるから写して置かれるとよい。

それは、樹には五つの相がある。第一には懐《ふところ》の蒸れることだ。枝葉を払わないと、風通しや日ざしが悪くなる。あれを「懐の蒸れ」という。その次に、あるところまでゆくと樹の発育が止まる。これを「梢《うら》どまり」という。それから「根あがり」「裾あがり」というやつ——これは土が落ちて根が出てしまう。それからボツボツと梢どまりが進んで「梢枯れ」が始まる。この辺の樹をご覧なさい。みな梢枯れだ。煤煙や虫などのため特にひどい。第五に「蟲つき」だ。樹には、こういう懐の蒸れ、梢どまり、裾あがり、梢枯れ、蟲つきという姿がある。

これを樹のことだと思ったら大きな間違いだ。お互い人間にも、懐の蒸れ、梢どまり、裾あがり、梢枯れ、蟲つきがあるというのだ。まさにその通り。これまた実に面白い。諸君も注意せんと、ぼつぼつ梢どまり、梢枯れ、蟲つきが始まる。心して愛誦されるとよい。原文を読みましょう。

「人長じては漸くに老い、樹長じては漸くに衰ふ。樹の衰へ行く相《すがた》を考ふるに、およそ五あり。天女にも五衰といふ事の有るよしなれば、花の樹の春夏に榮え、葉の樹の秋冬に傲るも、復《また》五衰の悲《かなしみ》を免れざることにや。」

天人の五衰というのは謡曲などをはじめ、日本の仏教文学に始終引用される。諸君もよく聴くことでしょう。いろいろなお経に書いてあるが、たとえば「倶舎論十」に天人の大衰相として五衰が説いてある。地上の人間から羨まれる天人でも、死にがけになると五つの衰相が現れる。天人もこういう儚《はかな》いものだという――第一に衣服は垢づく、膩《あぶら》づく、それから華鬘《けまん》がしぼむ。両腋から汗が流れる。それから臭くなる。本座を楽しまぬ。こういうことがあるのです。

「樹の五衰は何ぞ。先づ第一には其の懐《ふところ》の蒸るゝことなり。樹の勢《いきおい》氣壯《さかん》にして枝をさすことも繁く、葉を持つことも多ければ、やがて風も日も其の懐深きあたりへは通らぬ勝《がち》となるより、氣塞《ふさ》がり、力閊《つか》へて、自《おのずか》らに葉も落ち枝も枯れ、懐蒸れて疎《まばら》となるに至る。これは甚しき衰《おとろえ》の相にはあらねど、萬《よろづ》の衰に先だてる衰なり。たとへば人の勢に乘じ時を得て、やうやく美酒嬌娃《きょうあい》に親むがまゝに、胸中の光景《ありさま》の前には異《かわ》りて荒み行くが如し、不祥これより起らんとす。」

人間というものは、トントン拍子に伸びていった時が、まず衰えの始まり。懐の蒸れとはいい気になることです。換言すれば、いい気になって、昔を忘れて、ぼつぼつと忠言を聴かなくなる。その最も堕落の始まりは、美酒嬌娃（なまめかしい美人）に親しんでその務めを怠ったり、道を聴くことを忘れたりすることだ。

「第二には梢止《うらどまり》なり。樹の高《たかさ》は樹だに健やかならば限《かぎり》無かるべきが如くなれども、根の水を送り昇す根壓力も、幹の水を保ち持つ毛細管引力も、極まるところありて、其所に盡くれば、稀有の喬木もその高三百尺に超ゆるは無しと聞く。まして常の樹は、およその定《さだ》例《まり》までに至れば、天をさして秀で聳えんとするの力極まり盡きて、また其の本幹の高をば增さずして已《や》む。これを稱して梢止といふ。よろづの樹梢止に至れば、やがて成長の機そこに轉じ發達の勢そこに竭《つ》きて、幾程も無く衰を現ず。たとへば人の學問藝術よりよろづの事に至るまで、或地歩に達すれば力竭き願撓《たゆ》みて、それより上には進まざるが如し。力士、優伶《ゆうれい》、畫人、詞客などを觀れば、其の技《わざ》の上に於ける梢止となれるものと、梢の猶止まらぬものとの異れるさま、明らかに曉《さと》り知る可し。樹も人も梢止となりて後は、榮華幾《いく》許時《ばくとき》もある可からず、萬人に稱《たた》へられ一時に誇る時、既に梢止の畫、梢止の文を爲し居るがおほし。矮樹灌木は皆早く梢止となりて、葉を展《の》べ枝を張りだにすれば宜しとせるに似たり。卑《いやし》むべし。」

早く梢どまりになるくらい、どうも残念なことはない。人間はいつまでも梢どまりにならんように、生きる間は進歩していきたいものである。それには確かに根圧力と末梢部の毛細管引力というのが大事である。我々の肉体も根圧力と毛細管引力が旺盛であれば、いつまでも健康が続く。いつまでも年を取らぬ。根圧力とは何であるか。心臓だ。毛細管引力というのは、つまり我々の血管の末梢部の吸引力である。彼奴は心臓が強いというが心臓が強くとも大したことはない。ポンプの力というものは案外先へ行かぬ。血液が送り出されるその心臓の力、根圧力と同時に毛細管末梢部が、ぐっとそれを吸い上げてもって行く、これがたいせつである。末梢部に力がなくなると血液が回らない。酸素を吸って動脈から静脈に送り返される。この静脈血がたいせつである。だから静脈のことを第二の心臓と言うくらいだ。

樹も然《しか》り、人格また然り、じきに懐が蒸れて梢どまりになって、わずかばかりの地位名誉財産、わずかばかりの知識技術学問なんどというもので、もういい気持になって、善言に耳を傾けない。真理を追求しない。道を聴かない。一かど自分が出来たつもりでいい気持になる。――これを懐の蒸れという。そうなると根圧力も末梢部の吸引力も利かなくなってくるから、況《いわん》や静脈に該当するところの反省というものがなくなる。そうしてつまらない混濁した情欲だけになる。恐ろしいことだ。

諸君が現代の有名人を考えてみると、大体わかろう。実に他愛なく懐の蒸れて梢どまりの士が多い。心静かにいろいろな人々に接する。ことに中央に在っていろいろ「時の人」なるものに接するが、淋しくなることが多い。いい気になっておる人が実に多い。本当の修行をしないものだから、逸早くちょっと有名になった――ちょっと何かやっておると思うと、もう梢どまりになっておって、こんなことを言うかと思うようなことを平気で喋り散らし、書き散らし、矮樹灌木、葉を延べ枝を張りだにすればよろしとせるに似たるもの、なんぞその多きやだ。諸君農村人は、そういうものになってはいけない。どこまでも、亭々として聳ゆる野中の杉、尾上の松の如く、すくすく伸びていかなければならぬ。絶えず枝を払い、懐をすかせ、花あれば花を間引き、実成れば実を間引き、絶えず努力すれば、本当に矮樹灌木と違って、偉大な自然人になることができる。ところが農村は農村で、また都会の文化人に劣らず、わずかばかりの名誉だとか、利益だとか、何かかにか、いい気持になって、ちょこまかする矮樹灌木また実に多い。それをまた煽《おだ》て上げるようなことも、時の政治屋によってよく行われる。無闇に百姓を煽ててみたり、労働者を煽ててみたり、村の有志を煽て上げて、そうして役に立たぬと、さっさと捨ててしまう。そういうような軽薄にならぬよう大いに修養していただきたいものだ。

梢止りにならぬということは、また童心を失ぬということです。橋本景岳（左内）が『啓発録』というものを少年時代に書いておる。それに「稚心を去れ」と言っておる。童心、稚心同じことではないかという質問があったが、それは違う。童も稚も要するに子供のことであって同じように思われるが、童心という時は、子供に最もよく現れておるところの純真な求道心を言う。つまり伸びよう伸びようとする心を言うのである。非常に良い意味であるが、稚心というのは、その反対の方だ。稚心というのは、子供にありがちな他愛ない心を言うのである。成熟しない、発達しない、まだ青いことを言う。同じ子供の心だけれども、一方は良い方を指して言い、一方はその悪い方を指して言うのである。だから童心を養うことと、稚心を去れということとは決して矛盾しない。人間は逸早く良い童心を失ってしまって、すぐに大人になり世帯染みてしまう。世故《せこ》馴れてしまう。そのくせ、案外いつまでも子供っぽい、他愛ない「稚心」は持っておるものだ。勲章を欲しがったり、小遣を欲しがったりする。

「第三は裾廢《すそあがり》なり。松杉樅檜《もみひのき》など、天に冲《ひい》るまで喬《たか》くなりたるは宜しけれど、地に近き横枝の何時《いつ》と無しに枯れて、丈高き男の袴を着けずして素臑露《すずねあら》はしたるを見るが如くなりたる、見苦しく危げなり。」

いかにもそうだ、つんつるてんの着物を着て袴もつけないで素脛を出しておる。見苦しい姿だ。旧来は女までそうなっていた。

「野中の一本杉など、裾廢となれるが暴風雨《あらし》には倒され勝《がち》なり。是《これ》たとへば人の漸く貴《とうと》く漸く富みて、世の卑《いや》しき者に遠ざかるに至れるまゝ、何時と無く世情に疎《うと》くなれるが如し。軍人官吏など、位高きは裾廢となれるが少からず。徳川氏の旗下《はたもと》など、用人給人の下草に蔓《はび》こられて皆裾廢の松杉となりしなるべし。」

これもよくあることです。学問などでもそうだ。専門家になると裾廃になる。実際を離れてしまう。専門知識なり技術ばかりに走っていってしまって、あの人は専門家になったと思っているうちに迂遠なことを言い出す。非常識なことを始める。皆、裾廃である。そうなったら、じきに梢どまりになって、それはそも懐の蒸れから来る。自分がよい気持になるところから来る。

「第四に梢枯《うらがれ》なり。梢の止りたるは猶可し、梢の枯るゝに至りては、其の樹やうやく全《まつた》からざらむとす。歌ふ者の聲に潤《うるおい》無く、畫く者の筆に硬《こわみ》多きに至るは、梢のやうやく枯れたるなり。梢枯れ初めては、樹も日に月に衰へて、姿惡《あし》く勢脱けて見え、人も或は暴《あら》びて儼《いか》つくなり、或は耄《ほ》れて脆《もろ》げになり行く。一腔の火の空しく燃えて双鬢の霜の徒《いたずら》に白き人など、まさしく梢枯の相《すがた》をあらはせるにて、寒林に月明らかにして山の膚《はだえ》あらはなる禿頭も、また正《まさ》しく然《しか》り。五十前後よりは人誰か能く梢の枯れざらむ。

第五には蠹附《むしつき》なり。油蟲は嫩芽《わかめ》に附き、貝殼蟲は葉にも椏《えだ》にも附き、恐ろしき鐵砲蟲は幹を喰ひ通し、毛蟲根切蟲それ〲の禍《わざわい》をなす。此等の蟲に附かるれば樹も天壽を得ず、十分に生ひ立たで枯る。蟲は樹に附くのみかは、亞爾箇保兒蟲《アルコホルむし》は酒客の臟腑を蝕《く》ひ、白粉《おしろい》蟲《むし》は好《すき》ものの髓を食ひ、長半蟲《ちやうはんむし》は氣を負ふ者の精を枯らし、骨董蟲は壯夫の志を奪ひて喪ふ。さま〲の蟲、人を害《そこな》ふこと大なり。

樹木の五衰上《かみ》の記すが如し。一衰先づ起れば二衰三衰引き續きて現はれ、五衰具足して長幹地に横たはるに至る。歎く可く恨む可し。人もまた樹に同じ、衰相無き能はず、たゞまさに老松古柏の齢《よわい》長うして翠《みどり》新《あらた》なるに效《なら》ふべきのみ。」

含蓄も構想も文章もまことによい。

農閑学のことであるから、閑さえあればいくらでも無限に問題はある。あるが、元来忙人の諸君のことであるから、そうもやっておれぬ。まず農関係の文字を少々拈《ひね》ってみる。

一体「農」という文字でありますが、字がはなはだ面白い。「曲」と「辰」との二つから成り立っておる。上の「曲」はさらに二つから成り立っておる。一つは𦥑——人間が両方から向かい合っておる。ミレーの晩鐘の絵みたいな字だ。その中に囟が入っておる。これはノウの音符でもあるが、単に音符としないで、脳の古文字とする考え方もある。これは面白い。「辰」は星、暁の星たることは言うまでもない。要するに、晨《あした》の星をいただく人間の耕農の勤労を表す文字である。と同時に、そこに「脳」がなければいかんのだ。あしたの星をいただいて営々として働くというだけでは、ただの農業労働だ。そこに、この脳が入らなければならぬ。これが入るか入らんかで諸君と普通の農夫との違いがあると思う。

「農」という字に関連して面白い文字は、この辰に寸を書いた「辱」という字で、上は言うまでもなく「時」を表し、時を失わぬ勤労を意味する。下の寸という字は、㕚と書く。即ち手に一本鞭を持たした字で、罰を表す。朝から働かぬ者はびしびしと取り締まる。そういう罰を受けた人間くらい辱《は》づべきものはないという意味であります。懶《なま》け者に適用さるべき文字です。

諸君は土に親しむ人だが、「土」という字は大体二説がある。一つの説によると、上の一——これは地表を表す。下の一——これは地中の、ある段階を表す。縦の｜は草木が根を下ろし、茎を伸ばしておるという字、即ち植物の成長する処を示す字です。他説では、周代の古文字を見ると𡈽——土地の上に草木が伸びて膨《ふく》らんでおる。つまり発芽してゆく姿としています。いずれも物の成長発育を表すのが土だ。だから土に関係のある仕事、土に関係のある人間は、すこやかに伸びてゆく発育成長の姿がたいせつだ。頑迷固陋《ころう》では土の人じゃない。土の人であるからには、そこに溌剌たる成長発育がなければならぬ。一向人物を掘り下げもせず、理想に向かって伸びもせず、ただ労働だけしておるというのは土の人ではない。農人ではない。文字を見て面白く考えさせられる。

「田」という文字も面白い。周囲の囗は土地の一定区画を表す。真中の十は縦横の道を表す。即ち田には道が大事だ。耕作道や灌漑用水路が肝腎である。日本の農村を見ると道が発達しておらぬ。これは将来大いに改良を要する。すべて縦横に道をつけなければ——農業ばかりでない、田地ばかりでない、人生すべてのこと然り。どこへ行くにも、何をするにも、まず道をつけなければならぬ。道を践《ふ》まなければならぬ。それによらなければ動きがとれない。第二次世界大戦の際、ドイツが圧倒的に欧州を席捲《せっけん》したのも、道路が発達しておったことを見逃せない。人格も、道をつける、道を知るということがなければ何もできるものではない。それをこの「田」という字がよく表しておる。

そこでその田に力《つと》める――物事に縦横に道をつける――そのことに力めるのが「男」という字で、田に出て力仕事をする原始的意味から努力する高次の意味まで、「男」という字だけで十分考えさせられる。

田あり土あるものを「里」という。即ち耕作すべき田があり安住すべき土地を持っておるというのが「里」であります。その里という文字に予という音符をつけたのが、「野」です。村里のことを一名「邑」と言いますが、邑という字は本来は邑ではない。邑……上の口は領地、下は昔、領土を封ぜられる時に受ける卩《せつ》である。即ち公認の領域のことである。

「或」をついでに説きましょう。口――これは土地の一定領域、それを戈で守る。それで初めて存在する。故に「アル」である。ところが武力の強い奴がおって侵略するから、はたして土地の一領域を守って存在し得るや否や、はなはだ疑問である。そこで「アルイハ」と疑問に読む。ところが存在の最高形体は国家だ。そこで存在の一番発達したものという意味で昔は「或」を「クニ」と読んだ。ところが、そういう「或《くに》」があっちにもこっちにもできる。自然に口――即ち国境ができた。だから「國（国）」は国際国家、孤立国家は「或」です。「或」の一単位を邑という。その邑の外を「郊」という。郊外が「野」

である。野外が「林」だ。林外は何かというと「埛《けい》」という。埛外は何だ。山だろうね。野というものは郊に連なり、林に連なっておるから、また野という字を「埜」とも書く。

田に関連してもう一つ面白い字がある。それは「福（福）」という字です。「示」は神様、古文字を見ますと畐です。この恰好を見ると外が家倉で、その中に田からできたものを積み重ねたものです。

文字というものは、こういうふうに見て来ると実に面白い。田に関連して思い出すのは「禾《いね》」という字である。禾――穂が出たという意味で、「実るほど頭が下る稲穂かな」というところ。ただし、せっかく出ても曲がってしまうと禾乚「私」という字になる。この反対が「公」という字だ。ハは公平な分配、依怙贔屓《えこひいき》のない分配を示すともいい、乚即ち私を去ってしまう意味ともいう。「税」という字のつくりは音符ですが、百姓の税は、やはり禾を本とすべきで、金ではよくない。

「耒《すき》」という字はちょっと面白い。これは木と手、手は枯草を敷き並べたのをかきのけてゆくという文字である。

文字の学といって人はよく馬鹿にするが、なかなか、やりようによっては有益な面白いものです。

案山子の語源

諸君を見て、いつも思い出すのは案山子《かかし》である。というと諸君は憤慨するかもしれん。しかし、この案山子というものは非常に面白いもので、庶幾《ねが》わくば、農士は正しき意味において案山子であってほしいと思うのです。

『古事記』の上巻を見ると案山子のことを「久延毘古《くえびこ》の神」と言うておる。正しき意味の案山子であってほしいということは、つまり、この久延毘古の神たれということであります。『古事記』を見ると、久延毘古は「山田之曾富騰《そほづ》」ともいう。

山田之曾富騰は、「足行かずと雖《いえど》も天ノ下の事は尽《ことごと》く知る」神である。農業家はいずれ農村に在って、そう広く世の中で活動すべきものではない。大地に親しむもの、大地を耕すものであって、地上を飛び歩く活動家・事業家と違う。百姓が飛び歩くようになったらだめだ。役所の廊下や名士の門をぞろぞろ歩くようになったらだめだ。しかしながら泥に塗れたままで何も解らんというようになっても、まただめだ。そうではない。足行かずと雖も尽く天下の事を知らなければならん。農村に土着して、而も天下の形勢、現代の時務というものをよく知っておる。人間の根本問題、人生の道理というものをちゃんと知り抜いておるというのでなければ山田の曾富騰でない、久延毘古でない。即ち無細工な、ああいう鳥嚇《おど》しであるけれども、あの意味するところ、象徴するところは非常に深いものである。

「曾富騰」は、いわゆる〝濡レソボツ〟、雨風に濡レソボツ〟という意味、「毘古」は男、「久延」はクエル、崩れる、壊れやすいの意味。そこで、久延毘古、曾富騰とこういう。それは単なる形の上の言葉である。

しからば、この山田之曾富騰、久延毘古を、なぜ案山子というかということになってくると――これはもう国語学、国文学の問題だ。これにはいろんな説があるが、これを要するにヤキカガセ、タチカガセの変化したということになっておる。カガセというのは匂をかがすの転化、あるいは鹿オドカセ、猪オドカセ、猪や鹿を嚇かすという言葉の転化ともいう。即ち野獣の肉を焙《あぶ》って串に刺して田圃に立てておく。そうすると田畑を荒す猪鹿というものが匂を嗅いで動物の直感から、やられるぞという恐怖を起こさせる。あるいは人間が立って弓矢をつがえた形で猪鹿を嚇かす、鹿嚇かし、猪嚇かし、それの立っておる立ち嚇かし、カカシとこうなったものだ。

それで、どうして案山子という文字を当てはめるようになったか、これは誤ってああいう文字を使うようになったようです。いつ頃からああいう文字を使うようになったか。おそらく禅が日本に入って以来、日本人が禅書を読むようになってから、しかもそれが相当に人口に膾炙《かいしゃ》するようになってから、元《げん》に滅ぼされた宋の禅僧などが、ずいぶん逃げてきた。たとえば鎌倉時代に有名な無学《むがく》（祖元《そげん》）禅師もその一人であるが、それらの人々に鎌倉武士連が帰依して、それから五山あたりが中心になって盛んに禅書が広まった。その頃から案山子という言葉が使われるようになったと思われます。

それで禅書を見ると、案山子というのは何もカカシのことじゃない。あれは家を作るとき、たいてい山野を自然に取り入れて見晴しの良いように室を工夫する。座敷から見晴らす正面の山を主山という。その山の側に控えた山が輔山。それから書斎のすぐ目の前に小山があるべきである。これを自分の机と差し向かいにあるから、〃ちょうど机のような〃という意味で「案山」という。「面前の案山子」などとあるのがこれである。それを面前に立っておるカカシと間違えて、いつの間にか案山子と取り違えてしまった、というのが本当らしい。そういう穿議《せんぎ》も時には面白いものだ。

案山子はともかくも、諸君須《すべか》らく〃久延毘古〃となり〃山田の曾富騰〃となって、ことごとく世の中のことを知ってもらいたい。いかにして世が興《おこ》り、いかにして世が滅びるか、人間は結局、何によって生きるかという、人生の道理、興亡の法則というようなものを知り、そして農の意義使命を悟っていただきたい。

大成を妨げるもの――〝専門化〟の陥し穴

分派、末梢化の弊害

これまで世界の文明というものは、大体ヨーロッパ系統が支配してきたわけです。ところが、最近は、だんだん世界の思潮が東洋の方へ向いてきた。

我々はいつでも精密な考えと同時に、遠大な視野というものを合わせて持たなければいけない。精密に一つの知識を研究するということも必要であると同時に、大部の書物を読破する必要がある。あまり断片的なもの、あまり専門的なものばかり読んでいると、人間の頭も精神も固定してくる。ある時は非常に精密に、ある時は非常に雄大にという必要があるわけです。

視野をひとたび、今日の文明というものに広げて見ますと、近代はヨーロッパの思想・学問の系統が、文明の主流をなしておったのですが、その一つの特徴は、特に東洋に比べてみると、はっきりする――それは分析的であった。また、近代社会生活というものも、この原理に基づいて分業的に発展してきた。そして、それがだんだん専門化してきた。ちょうど木で言うと幹から小枝が伸び、だんだん末梢化し、それに葉がつき花が咲き、実が成るというようにして、この文明が開けてきた。

ところが、末梢化、即ちだんだん分派するうちに、次第に根や幹から遠ざかる。根から幹から遠ざかるということは、それだけ生命力が稀薄になる。それから全体的統一を失ってくる。だから末梢部分というものは非常に脆弱《ぜいじゃく》で、すぐ枯れ、すぐ散る。分派するほど、そこに統一というものがなければならない。統一があることによって、初めて全体と結ばれ、永続ということができる。つまり、全体性とか、永続性・永遠性というものは、統一によって得られる。

分派は発展・繁栄のように見えるが、そのままに放っておくと、すぐ混乱破滅になる。もっぱら分析主義で、派生的に発達して来た近代ヨーロッパ文明も、この末梢化の特長と同時に弊害が著しくなってきた。統一と永続ということがあやしくなって、混乱・破滅がひどくなった。これを救うには、どうしても統一し、含蓄するという方へ行かなければならない――という生命必然の、あるいは創造・造化必然の要請に従って、統一含蓄的原理というものを求めるようになってきた。それが自然に、従来の西洋偏重から東洋の探求ということになってきた所以《ゆえん》であります。

そこで西洋文明の原理で申しますと、学問でも専門科学というのが発達した。人間の体で言っても、昔の医学は人間そのものを全体的に見て、生命それ自身を診察してそこに分派がなかった。それがだんだん西洋医学が入ってくるようになって、医学にいろいろの分派ができて、それがだんだん精密になって、内科とか、外科とか、いろいろなものが出てきた。その結果、「自分は眼科専門であるから内科のことは分らん、その方の専門医を紹介してやるから、あっちへ行ったら良いだろう」というようなことを平気で言うようになった。

つまり他のことが分らない。いわんや全体はなお分らん。その分らんということをむしろ誇りとする、そういう専門家がたくさん出てきた。ところがそういう専門は、〝専門的賢明〟ではなく、〝専門的愚昧〟であるということが、いつ頃からか言われるようになった。というのは、その専門家の中でも少数の優れた人は、全体的連関ということに気がつくようになりました。

たとえば専門医家が、その自分の精密な専門分派を通じて、たいへんなことを発見するようになった。つまり眼なら眼というものは、全体から言うなら微妙な分化的なものであると同時に、これは他の体内のあらゆる器官と密接な関係を持ち、全体とも離るべからざる影響を持ち合って存在しているのである。したがって眼を見たら、体のいろいろな他の構成部分のこと、生命全体のことも分る、わからねばならんということを発見するようになってきた。ここに学問の進歩がある。

よく西洋文明が行き詰まり、その反動で東洋文化がまた問題になってきたというふうに説く思想家や学者があります。これは大きな間違いで、決して反動ではない。その極致である。専門的に分かれ分かれて進んできた極致が、いつの間にか気がついて見ると、総合統一の方へ向かいつつあることを発見したのです。反動ではなく、むしろ追求、前進です。「百尺竿頭一歩を進む」という言葉があるが、百尺竿頭に進んで、さらに一歩進めねばならんことになって来た。

事実、人間の眼を見ると、人間の体内のあらゆる機能が、非常に早く、非常に鋭敏に目に現れている。たとえば婦人が妊娠をした場合、産婦人科のお医者さんでは判断がつかぬうちに、眼の虹彩に現れる。眼の瞳孔の周囲に、体内の諸現象が全部報告される。大きな工場へ行きますと、一番大事な操作室に、工場内のあらゆる機械装置の活動状況が全部現れますが、ちょうどこれと同じように、眼を見れば全部分るんです。分らなければ本当の眼科医ではなくなりました。

本当に進歩した経営者ならば同じことです。学問でもそうです。

社会生活の面をとってもそうで、昔は、「自分は商売人である、だから商売に精出しておればそれで良いのであって、政治や思想問題は我が関するところにあらず、商売に限る」ということでよかった。また、教育家は子供を相手にして、教育学教授法などを研究しておれば、まじめな先生で済んでおった。その他のことは俗事である。そこで、立派な教育家は俗事を省みない、と言っておれた。また政治家は政治専門家になってしまって、経済、教育、思想、学問等ということは他に任しておけば良い、自分は政治に没頭して、それで済んでいた。

また国際的にもそうでありまして、明治維新までは、日本という四面海をめぐらした孤島の中に、世界の情勢とは無関係に、桃源の夢というか、太平の眠りを貪って存在することができた。アメリカもモンロー主義と言いまして、アメリカはヨーロッパ諸外国には手出しはしない、外国もアメリカには干渉してもらいたくないという、Isolationism 孤立主義ということを建国の一精神としてそれで済んでいた。大なり小なり分立することができた。今日は、そういう意味の孤立というものは絶対にできない。

国内で申しますと、国内のいろいろの産業、生業の関連性というものが、非常に緊密になって、お互いの影響性、連関性というものが、複雑微妙になってきました。

だから、専門家になるということは、昔のように他から孤立するということは、もう時代遅れでありまして、生命を失っている。専門化するということは、複雑微妙な連関性に立つということ、総合的関係を把握するということでないと、本当の専門家とは言えない。つまり頭を機敏に働かせて、しかも深く突っ込んで、その統一性、総合性というものに、目を配ってやっていかないと専門家になれない。つまり決まりきった浅い考えではだめです。

人間味のない技術者・知識人を作りすぎた

次に、我々の私生活、職業生活について考えてみると、たとえば今日の人々は、なるべく早く学校に入り、できれば大学に進んで、専門の技術知識を修得して世の中に出て、早く就職をして出世街道を進みたい。これが一般の要望です。そこで、就職したら家族みんなで祝うわけです。これは人情の自然である。しかし、そこに非常に警戒を要する点があります。

人間というものは、ある全《まった》きものでなければならない。人間の生命というものは、無限にして永遠なるものです。その偉大な生命が何らかの機縁によって、たまたま一定の存在になり、一つの形態を取るのです。そこで我々が存在するということは、すでに無限の限定である、無限の有限化であることを知る必要がある。この有限化を常に無限と一致させるということが真理であり、道理であり、道徳であります。

人間は子供の時ほど、あらゆる素質、性能を豊かに持っている。だから何にでも向く要素を持っています。これが成長するうちに、だんだんその他のものが消えて、ある一種のものだけが出てくる。そこで、人間としては、専門の知識・技術を修めること、そこへ行くということは、一面において無限の有限化、全きものを限定することになります。そこで専門を決めれば決めるほど、根本において全人的教養を必要とする。つまり、人間味豊かな教育をする必要がある。そうしないと、つまらない器になってしまう。

専門化するということは、人間が何かの役に立つ器になることです。小器になるのです。役に立つものになろうとすればするほど、人間としての全き教育を要する。人間というものが分らなくなると、そういう知識や技術は、どうかすると人間を損なうことになる。職業教育ということが論ぜられていますが、これは不具の人間を造ってはならぬということが問題です。専門教育は不具の人間を造ってはいけない。人間的教養の豊かな、そして有用な道具になる人間、そういうのが専門化です。

職業教育を施す場合には、必ずこれが、影の形に添うように、人格教育・道徳教育を必要とする。日本は下手な職業教育を行って、人間味のない技術者・知識人を造りすぎたものですから、この人々がどれくらい人間を害したかわからない。薄っぺらな、手っ取り早い職業教育くらい弊害のあるものはありません。

学校を出て世の中に出ることはめでたいことに相違ないけれども、世の中に出て何かになるということは、別の面から言うと、さびしいことです。専門を決めるということは、自分の生活の舞台を、全き無限なものから局限してしまうことです。何かになるということは限定である。それになじんでしまうと、本当に区々たる人間になってしまう。何かになるということを越えた、広い世界に視野を向け、もっと根本的本質的問題にたえず注意してないと、人間がけちな奴になってしまいます。

人間の日常生活も曲者《くせもの》でありまして、何かになって職業生活を営むようになると、朝決まりきった時間に起き、決まったコースを通り、決まった場所へ行き、決まった事務を取り、決まった顔を眺め、決まりきった会話をして、そして帰って来る。生活が非常に惰力的に、惰性的になってくる。慣性というものがあるが、慣性的になってくると、人間精神が眠ってくる。

専門とか職業とかによって限定された上に、日常生活が慣性的になり、だんだん感激がなくなる。つまらなくなる。平凡になる。思想や学問や時世はどんどん進んでいく、そのうちに人間はずれてくる。それで上役になる頃は、何もないという人間になる。

ある批評家が、「名士というものは名士になるまでが名に値する。名士になる頃は迷士になっている」と評している。

人間は大成しようと思えば、「有名無力」にならぬように、「無名有力」でなければならないという教訓があるが、実際そうです。〈注〉

だから、学校を出て職業人になり、専門的生活をやり始めたら、人間は志のある人ほど、たえず専門化・職業化に捉えられてしまって、無内容なずれた人間にならないように、根本的な意味における人間教養を厚くして、専門外の広い世界の視野を持つということが必要です。世界も国家も人間が造るんです。だから人造りの必要があるのです。人造りというのは結局、自分を造ることである。

〈注〉著者は、別の講演で、「有名無力、無名有力」について、次のように述べている。

有名無力、無名有力

人間は無力なように見えて非常に有力なことがあります。有力に見えて無力なことがあります。大体、人間は案外、成功すると無力になるものです。有名になると無力になるものです。かえって無名であることが、有力であることが多い。私はたえず「有名無力、無名有力」ということを言う。特に若い人によく言う。

君たちは決して有名になろうとしてはいかん。有名は多く無力になる。そうではなく、無名にして有力な人になることを考えなければならない。本当に有力な人になろうと思ったら、なるべく無名でおることを考えなければならん。有名になったら、もう何もできなくなるのです。有名人になってごらんなさい。朝起きたら、もう人が来るでしょう。電話がかかる。書類がたくさん集まってくる。付き合いも広くなる。義理も多くなる。結婚式にも行かなければいかん。葬式にも行かなければいかん。いろんな会合にも出なければならん。朝から晩まで何をしているか訳が分らない。

「忙しい、忙しい」というのは有名人の口癖です。「忙」という字は忄偏《へん》に亡ぶ、と書いてある。〝心が亡《な》くなる〟ということで、忙しいと本当に心が亡くなる。迂闊《うかつ》になったり、粗忽《こつ》になったり、もうミスだらけ、エラーだらけになる。だんだん〝心が亡くなる〟のですから馬鹿になる。

現代の名士を見たらわかる。そんなことを言うと悪いけれども、名士の中には本当に偉い人は少ないですね。名士になるまでは偉かったのです。立派な名士になることは、立派な馬鹿になることが多い。そうでなければあんなミスが大臣や議員に起こるわけがない。気がつかなかった、失敗であった、というのは馬鹿になっておる証拠です。

本当に偉くなろうと思ったら、なるべく無名でおらないといけません。これは私が無責任なことを言うのではなく、私自身がもう悩んでいることです。やりたい事がたくさんある。

勉強したい事がたくさんある。やっと、この年になって世の中のことが、人間が分って来たような気がする。ここで勉強しようと思うのですが、どうも私なんか不幸にして名士の仲間入りですね。それも過《あやま》って非常に早く名士になった。これは私の責任じゃないのですが、まあそういうことにされてしまって、朝から寝るまで人に追い回され、いろんなところに引っぱり出されて、思うことはほとんど何もできない。

寝食を減ずるということがありますが、減じようと思って減じておるのではないが、知らず知らず減じておる。朝食を食えんことがしばしばありますよ。汁を一杯すすっているところに電話がかかってくる。二三遍電話に出てごらんなさい。汁は冷めてしまうし、茶はまずくなるし、朝食なんか食う気がしなくなる。昼出ても、話をしろとか、挨拶してくれとか……そのうちにスープは冷めてしまうし、人はもう食ってしまっているのに、後になって食べるのは変なものだし……。夕食になっても、たとえば宴席に出ると、お流れを頂戴します、とか何とかやってると食う暇がない。それは本当に馬鹿になるですよ。体は壊しますしね。

だから名士はだんだん冥士になる、胃潰瘍を起こしたり、肝臓炎を起こしたり、高血圧とか何とかで死んでしまう。

大業を成そうと思えば、なるべく無名で有力になることです。そればかりでなく、名士になると何もできなくなるのです。あっちの義理、こっちの差し障り、いろんなことで身動きがとれなくなる。これは偉くなった人は皆わかる。心ならずも何もできないということになってしまう。そして一言一行が響きますから、どうしても臆病になってしまうのですね。無名であれば、何をしようが自由自在でしょう。だから有力に働ける。

夢から醒《さ》めよ――邯鄲の夢

人生とはこんなものだ

日本によく知られております「春眠、暁を覚えず、処々、啼鳥を聞く。夜来風雨の声、花落つること知る多少」という唐の孟浩然の名詩があります。春の夜明けの眠りというものは、実に快いもので、うとうとしておるうちに、なんとなく鳥の声が聞こえて、だんだんと目が覚めてゆく、その暁の情景をよく詠っております。その春眠、暁を覚えぬこの頃、「暁の鐘」にふさわしい一つの趣味深々たるお話を、申し上げてみましょう。

それはシナの唐の時代に李泌《りび》という人が作ったと言われております『枕中記』という小説があります。この話が日本にも愛されまして、「黄粱一炊《こうりょういっすい》の夢」とか、「邯鄲《かんたん》の一夢」など、いろいろの用語になって、昔からよく引用されております。

その梗概は、唐の初めの、楊貴妃で名高い玄宗皇帝の開元年間（七一三〜七四一）のことであります。呂翁という――この呂は実は回《かい》教の回の字の隠字とも言われております。即ち回を分解して呂とすることができるからです。それはとにかく、呂という上品な老人が邯鄲という都（河北省）、昔、戦国時代に趙《ちょう》という国の都であったその町はずれの、とある田舎宿に休んでおりました。そこへ盧《ろ》という青年が、ゆきたけの合わぬ着物を着て、馬にまたがり、野良へ出かける道すがら立ち寄りまして、その老人と世間話を始めました。そのうちに、彼は自分のみすぼらしい身なりをつくづく眺めながら、歎息して、「男と生まれてこう不運じゃやりきれないや」と独りごと言うのを、その上品な老人が聞きまして、「見かけるところ、お前さんは体も丈夫そうだし、さぞかし人生は愉快なことだろうと思うのに、何が一体そんなにつまらんのか」

と尋ねました。そうすると彼は、

「いやこんなことでは、ほんの生きておるというだけのことで、何が面白いものですか」

「それじゃ、どうすればお前は愉快なのか」と老人は聞きました。彼は、

「私もやっぱり男だ。手柄を立てて、出でては大将、入っては大臣ともなって、贅沢もし、家も繁昌してこそ、愉快で男らしいというもんだ。私も初め勉強しておった頃は、大いに出世するつもりでしたが、いつの間にやらいい年になって、依然としてこういう百姓仕事で日を送っている。まことになさけない話です」

そんなことを言っておるうちに、ばかに眠くなってきました。この時、その田舎宿の主人は黄粱を炊いて御飯仕度をしておりました。老人は袋の中から一つの枕を取り出して、その盧という青年に、「さあ、これを枕にして寝たまえ。功名富貴、意のままだ」と言いましたが、その枕は瓦でできた、両端に穴が開いているものでした。眠くてたまらなくなった彼はそれを枕にして寝たところが、どうやらその両端の穴がだんだん大きくなって、その中へ入って行けそうに思われたのですが、いつの間にかその中へ入って行ってしまった。

それからどうしたのか、とにかく立派な家に住む身になって、崔という美人を妻にしました。その女は非常に美しいばかりでなく、財産があり、毎日不自由なく贅沢に暮らしながら、その翌年には優秀な成績で進士（昔の高等官の試験）に及第して、それから出仕してトントン拍子に出世し、山西の地方官をいたしました。その任地で数十里にわたる運河を開鑿《かいさく》し、同地方の民衆に非常な利便を与えて、頌徳碑などを立てられました。そんなことから栄転して、お膝元の地方長官、知事に抜擢されました。

この頃、皇帝は外征に軍隊を派遣中でありましたが、西蔵《チベット》軍のためにかえって大敗を喫したので、そのために代わって赴任する良い大将を求めておりました。その結果、とうとう彼に白羽の矢が立ちまして、一躍その司令官兼地方長官に任命されました。彼は勇躍して任に赴いて、大いに敵軍を撃破し、その地方数百里を平定して、大きな城を三つも築いて、それを根拠地、基地にして、人材を配置して地方の民心を宣撫し、その功績を石に刻んで、意気揚々と凱旋しました。その名望の盛んなことはもちろん、それから隆々たる勢でありましたが、好事魔多しで、彼はその大いなる功績のために、かえって時の勢力家から忌《ねた》まれて、讒誣《ざんぶ》中傷を蒙り、とんでもない田舎の知事に左遷されることになりました。

こうして三年の間、彼は怏々《おうおう》として暮らしておりましたが、時節到来、また復活して、中央に返り咲きをしました。そうして今度はまたトントン拍子に累進して、首尾よく宰相になることができました。政権を握ること十年、名宰相という人望が非常に高くなりました。ところが、またしても同僚から中傷され、地方の軍権を握っておる者と気脈を通じて、謀叛を図ったという嫌疑で、ある日にわかに家は警察に取り囲まれました。昨日に変わるこの有様に、彼はつくづく感慨に堪えず、

「考えてみれば、自分の家はもと山東にあって、百姓をすれば食うにも困らない。何を苦しんで宮仕えなどして禄を取る身になったのか。もう一度ゆきたけの合わぬ着物でかまわない、馬にまたがって、あの邯鄲の道を歩きたいと思うが、今となってはそれもできない」

と歎息しながら、ついに自殺しようとしたが、ようやく妻のお蔭《かげ》で、それも救われまし

た。この時、同じく嫌疑を受けた者は皆殺されましたが、彼はそれでも奥向きの同情で、死一等を減ぜられて、ある州の役人に貶《おと》されました。

後になって皇帝は、彼が冤罪であったことを知り、また召し返されて、再び大臣に登り、今度は封爵までいただいて、位人臣《くらい》を極め、五人の子供をはじめとして、一族皆それぞれ要路に時めいて、一門の光栄天下無比という有様になりました。しかし彼も寄る年波には勝てないで、しばしば辞職を請うような年になりましたが、いっかな許されません。そのうちに病んで寝つくようになりました。見舞いの勅使がひっきりなく訪れて、天下のありとあらゆる名薬も集まりました。しかし、いよいよいけないとなって、彼も覚悟して、恭しく生前の殊遇、恩寵を衷心より感謝する表を陛下に奉ったが、天子はこれに対し、彼が半生の功労を嘉《よみ》せられ、「尚一日も長く生きて朕を助けよ」と優渥《ゆうあく》な詔を賜りました。

その夕べ、彼はついに息を引き取りました。

その時、欠伸《あくび》とともに目が覚めた。彼は依然として元のところに横になっておったのでありますs。呂翁もそばにおりました。最初、主人の炊いておった黄粱はまだでき上がっておらない。そのへんの風物も皆、元の通り。驚いて彼は跳ね起きた。

「ああ夢だったか」

老人は笑いながら申しました。

「青年よ、人生のことはこんなものだ」

彼は、しばらく茫然としておりましたが、

「いやありがとう。なるほど世の中のことはよくわかりました。これというのも、あなたが私のくだらない野心を戒めてくださる、ありがたい思《おぼ》し召しであったのでしょう。まことにどうもありがとう存じます」

と再拝しながら立ち去って行ったという物語であります。この話は後、名高い明の湯臨川が取り上げて、さらに敷衍《ふえん》して戯曲『邯鄲記』を作りましたが、省略いたします。

いかなる人間も年を取って、半生を顧みたならば、誰もこういう感じがするのでありましょう。昔から真に偉い学者・哲人はあまり歴史的評論・人物評論をやらないということを、大塩平八郎がその名著『洗心洞劄記』の中に書いております。彼の申しますのに、

「一体、古今の英雄豪傑と言われる者は、多くは自分の情欲上から、野心から行っておる。情欲・野心から行動するならば、どんなに偉い事業をやっても、それは要するに夢中の伎倆、夢中の腕前にすぎない。本人の夢中の仕事を是非するというようなことは、道を明らかにしておる──真理に達しておる士君子の言いたくないことだ。それで史論が少ないのじゃないか」と言っております。これはまことに趣味津々たる話でありますが、俗謡にも、「夢と思えば何でもないが、そこが凡婦で、ねえあなた」というような妙作があります。

凡夫はここに容易に徹しないものであります。

運命の厚薄と徳の厚薄

もう一つ、古典の中から面白い寓話を引用しますと、これは老荘に並び称される『列子』の中にある話ですが、北宮子というのが西門子というのに申しました。

「わしは君に一向《いっこう》何でも劣らないのに、どういうものか君は出世して、ことごとに僕はうまく行かぬ。貧乏生活から抜け切れぬ。君のこの頃は何という羽振りのいいことだ。たまに会いたいと思っても、容易に会えもせぬ。そして君は、何か人物が俺よりも偉いもののように思うておる」と、こういう不平を申したところが、西門子が、

「俺はどういうわけか、そんなことはわからぬが、君が何をしても成功しない、俺が成功するというのは、つまり俺の人物、俺の徳が優れておる証拠じゃないか。それにもかかわらず、いかにも俺と元来同格の人間であるかのように言うのは、お前の面の皮が厚いというものだ」

とやりこめられて、人のいい北宮子は返答ができず、ぼんやりして帰りました。

その途中、彼は東郭先生という面白い先生に出会いました。先生は「お前一体どこへ行って来たのか。ばかにふらふらして、なさけなさそうな顔をしているじゃないか」。北宮

子は「実はかくかくの次第で……」と前の一件を物語ると、先生は「よしよし、そんなことなら、俺がお前のために一つ屈辱をそそいでやろう」。それから一緒に西門子のところに出かけて、先生は彼に詰問しました。「君は何だってひどく北宮子を辱しめたんだ。正直なところを言ってみろ」。西門子は申しました。

「それは北宮子が、『家門から、人物から、何から、別段自分は劣らぬのに、なぜ自分の方は万事うまく行かず、君はうまく行くんだろう』というようなことを申しますから、『わけはわからんが、何をしてもお前が失敗して、俺が成功するのは、これ即ち徳の厚薄の証拠じゃないか。それに何でも俺に負けないように考えるのは、面の皮が厚い』と申したんです」

そう言いますと、東郭先生が、

「とんでもない。お前の言う厚薄は運命の差異にすぎない。俺の言う厚薄はそれと違う。北宮子は徳には厚いが、運命には薄いのだ。お前は運命に厚いが、徳には薄い。お前の出世も実力の所得じゃない。北宮子の窮するのも本来の愚から生ずる失じゃない。皆、これは天というものだ。人の所為《せい》ではない。それにお前は自分の運命の厚いためであることを知らずに、みずから誇って、北宮子はみずから徳に厚いのを知らないで、自分で恥じておる。どっちも真の理法のわからぬ人間だ」

西門子は降参いたしまして、

「先生、もうやめてください。私はこれから、またとこんなつまらんことを申しませんから」

かくして帰りました北宮子は、それから元の貧乏生活も極めて幸福に思われ、終身自得して、成功とか失敗とかいうことなどは、てんで忘れてしまいました。東郭先生これを聞いて感心しました。

「北宮子は長い間寝ておったのだ。それがかの一言によってよく醒《さ》めた。よく驚く（眠りからさめること）ことのできる人物だ」とこう申しております。

西行の歌でありましたか、「世の中を夢とみるみるはかなくも、なほ驚かぬわが心かな」というのがあります。

驚けない！　はっきりと目が醒めないという悶えは、国木田独歩もいたく悩んだように、凡夫の身には誰しも免れがたいものであります。世の中に何がゆえに哲学や文学や宗教や、尊い精神の世界があるか。それは何ということなく、その日その日の生活に追われて、心を失ってしまう、人間が人間たることを失ってしまいやすい時に、はっきりと目を醒ます、よく驚くということが、人間の本質的な要求であるから、この人間の一番尊い要求が、次第にそういう信仰や学問、芸術等、尊い文化を生んだのであります。

我々も生きておる限りは、東郭先生の言葉ではありませんが、よく醒めることのできる、よく驚ける人物にならねばならんと思うのであります。現代はだんだん人間が人間たるたいせつなものを喪《うしな》って、よく言われる通り、ヒューマニズム humanism はおろか、ヒューマニティ humanity まで失われんとしておる時代です。大覚一番したいものであります。

運命を展《ひら》く——人間はどこまでやれるか

自己疎外の時代

およそ現代は、諸君もときどき新聞や雑誌を見ても気づかれることと思いますが、いわゆる人間疎外・自己疎外の時代です。alienate, estrange, shelve というような流行語の訳がはやりだしたのですが、つまり人間をお留守にする、自分自身を棚上げすることです。とかく、外へばかり心を馳せて、内を忘れてしまう。外物ばかり取り上げて、自分というものを省みない。人間をお留守にして、欲望の対象ばかり取り上げることです。その結果、わけのわからぬことになってしまって、始末がつかぬ。こういう時、ひとたび失われた自己、人間そのものに立ち返れば、はっきりすることが多い。日常の生活にしても、いろいろの刺激に駆り立てられていると疲れる。それから、いろいろの矛盾やら悩みが限りなく生ずる。それを少し落ち着いて内省すると、実に他愛ないことが多い。

第一、多忙ということです。現代は実に忙しい。「忙」という字がよく意味を表している。亡という字は音であるが、単なる音だけでなくて、同時に意味を含んでおる。亡くなる、亡ぶということで、人間は忙しいと、その忙しいことに自己を取られてしまい、即ち、自分を亡くしてしまって、どうしても、ぬかりが多くなる。粗忽が多くなる。間違いをしでかす。まことに適切な字の出来です。

現代文明、都市文明、市民生活というものは、外物の刺激が多すぎ、強すぎて、とかく自己を疎外し、人間味が失われ、いろいろ錯誤や悩みが限りなく発生しています。生活の享楽手段も大した発達です。かつてなかった娯楽産業・サービス産業などが、昔の人のとても想像もできぬほどに、ふえてきています。もし人間が朝起きて、すぐにたくさんの新聞雑誌とか、ラジオ・テレビとか、スポーツ・株式・映画・音楽・ダンス、何だかだと、そういうものに気をとられたら、生活はどうなるか。自分自身というものは、どこかへ亡くなってしまうでしょう。それこそ人間疎外・自己疎外というものです。まさに一億総白痴化であります。

〝脳潰瘍〟にならぬよう

学問でもそうです。自分の内省、自己の修練を捨てて、いたずらに知識や技術に走ったならば、即ち自己疎外的教育学問に身を任しておったら、だんだん人間はつまらなくなり頭は悪くなります。これは現代の青年・学生の謙虚に注意警戒を要する点です。あんまり短時間に学科が多すぎる。書物や雑誌が出すぎる。それを明けても暮れても雑然と読んでいたら頭はだめになります。生理もその通り、この頃の飲食物の豊富は大したものです。しかし、この菓子はうまそうだ、この果物も魅力がある、どこそこの料理はうまい。西洋料理・シナ料理・インド料理・朝鮮料理、どれもこれも食べたいと、起きてから寝るまで始終飲んだり食ったりしていれば、人間の体はどうなるか。必ず発病します。あまり雑食・多食・暴飲暴食するということは、生理的には自殺的行為で、どうしても節飲節食、時には断食もすることが、我々の健康を増進させるのに大事なことなのです。

そもそも本当においしく食べようと思えば、うまいものを探すのが本当か、あるいは腹を減らすのが本当か、たいせつな問題であります。知識・学問も然《しか》りで、本当に我々が頭脳や人格を良くするためには、いろいろの知識を取得するのが本当か、知識欲を旺盛にするのが本筋か——もっと徹底して言えば、知識を愛する情緒・品性を養うことがたいせつか、ということであります。雑食と同じで雑学をやり、そして雑駁な勉強をすると、せっかくの人間の知能・頭脳から、進んで心情まで破壊してしまう。雑飲雑食・暴飲暴食をやると、胃酸過多になり、胃潰瘍になるのにつれて言うならば、あまり雑学雑書にわたると、

〝脳酸過多〟になり〝脳潰瘍〟になるわけです。

「我、汝らほど書を読まず。かるが故に汝らほど愚ならず」というエジプトの古諺があります。日本の川柳にも「先生と云われるほどの馬鹿でなし」と申します。それも自己疎外の一つの適例です。現代の知識人とか文化人とかいうものに、そういうものが多い。我々は、まず純真に自分自身を省みることから始めねばなりません。

頼山陽、山田方谷、橋本左内の場合

さて従来、とかく世人も学者も児童・少年というものについて非常な考え違いをしていました。どう間違っておったかというと、人間は少年時代・幼年時代ほどいわゆる幼稚である、幼稚とは無内容である、つまり動物に近い、と決め込んでいたのです。ところが幼少年というものは、決して無内容じゃない。むしろ驚くべき豊富な内容を持ったものなのです。大人の目から見たら無内容・未熟に見える。しかし、それは大人が理知や経験からする判断で、本当は幼児でも非常に豊富な内容・潜在的能力・感受性を豊かに持ったものなのです。それを、最近になって学問研究がだんだん解明するようになってきました。

これまでは、幼少年の頃に何か異常な能力を示す者があると、その少年を天才とか神童とか言って、特異な存在のように考えましたが、だんだん学問が進歩してくると、そういう天才とか神童とかいうものは、決して特異なものではなくて、教導よろしきを得れば、ある程度皆、似たり寄ったりのものになることが明らかになりました。生まれつきある種の障害を持って生まれたような不幸不運な者は別として、正常に生まれ、正常に育った人間なら、幼少の時から指導よろしきを得れば、それ相応に皆、立派なものになる。決して天才とか神童とかいうものと、かけ離れたものではない。むしろ天才とか神童とかいうものは、尋常の幼少年が持っている一部分の性能を、どうかして特異発達させたものにすぎない。普通の児童であったら、培養よろしきを得れば、たいていのものが、相当の能力を発揮することができるものです。

試みに少年頼山陽《らいさんよう》の詩を挙げます。これは山陽年十三。寛政五年（一七九三）癸丑（みづのと・うし）の年、「偶作」という題で江戸にいた父春水におくった自作詩です。

十有三春秋　逝者已如水
天地無始終　人生有生死
安得類古人　千載列青史

十有三春秋。逝く者はすでに水のごとし
天地、始終なし。人生、生死あり
いづくんぞ古人に類するを得て、千載青史に列せんこれは明治時代の人々は、たいてい知っているものです。これは十三歳くらいの少年の書けるものではない、よっぽどの天才児だと皆思う。そうではないのです。これくらいのことは十三歳にならなくても、感ずることです。指導よろしきを得れば、これをちゃんと自覚して、何かの形で表現するものです。漢詩を教われば漢詩で表現することができる。俳句を教われば俳句で出すことができる。和歌を教われば和歌で詠ずることができるものです。

これは山陽の十三歳の時の作ですが、山田方谷《ほうこく》も十四歳にして（幕末、文政元年）七言律詩を作っています。山田方谷という人は、名前は球、通称、安五郎、備中の松山（現・岡山県高梁市《たかはし》）板倉藩の出で、非常に偉い人です。政治家としても、思想家・教育家としても傑出した人でした。のちに板倉藩の家老となって、〝貧乏板倉〟と評判があったほど窮した藩を大改革して治績をあげ、旅人が板倉藩の領内に一歩入ると、すぐ分ったというくらい、藩政から民心風俗を一新したという大した人物です。この方谷・山田安五郎、十四歳で次のような詩を作っております。

父兮生我母育我　　父や我を生み、母や我を育つ
天兮覆吾地載吾　　天や吾を覆い、地や吾を載《の》す

身為男児宜自思
茶々寧与草木枯
慷慨難成済世業
蹉跎不奈隙駒駆
幽愁倚柱独呻吟
知我者言我念深
流水不停人易老
鬱々無縁啓胸襟
生育覆載真罔極
不識何時報此心

身 男児たり。宜《よろ》しく自ら思うべし
茶々《でつでつ》 なんぞ草木とともに枯れんや
慷慨成しがたし 済世の業
蹉跎《さた》(注1) いかんともなせじ隙駒《げきく》(注2)の駆けるを
幽愁 柱によりて独り呻吟す
我を知る者は言う、わが念深しと
流水停《とど》まらず、人老い易し
鬱々 縁って胸襟を啓《ひら》くなし
生育覆載 真に極まりなし
識らず、何の時か此の心に報いん

（1）疲れた形容、あるいは「ぼんやり」の意。（2）奔馬を隙間からチラと見るほどの速さで過ぎるの意。月日時間のこと。

今の人々なら、なんとませた少年かと思うでしょうが、当時なら何でもないことです。
橋本左内《さない》は吉田 松陰《しょういん》と並んで称せられた幕末の志士ですが、やはり十五歳の時に『啓発録』という本を書いております。その中に五項目挙げてある。

第一は「稚心を去れ」。子供っぽい、甘ったれた気持を去れ。次に、元気を出せ「気を振へ」（振気）。第三に「志を立てよ」。第四、「学を勉めよ」。第五に「交友を択《えら》ぶ」。

この五項目をあげて、最後に、こういうことを言っています。

「余《われ》、厳父の教を受け、常に書史に渉《わた》り候ところ、性質粗直にして」、直にも、いろいろあります。よく気をつけた直、即ち謹直もあり、まだあまり修養の加わらない、注意の足らぬ直、即ち粗直もあります。「性質粗直にして柔慢なる故」、柔慢は、しゃんとしない、バックボーンを持たない、いい気になっていること。「遂に進学の期なき様に存じ、毎夜臥衾《がきん》中にて涕泗《ていし》にむせび、云々」、お父さんからいろいろ経書や史書を教えられたが、どうも性質がよく伸びず、ぐうたらで、これでは、とうてい学問も進歩するあてもないように考えられて、毎晩、寝床の中で泣いた。――ここです。なにも十三、四歳で詩を作ったから偉いというのではない。それも悪いことではないが、この年でそういう教えを受け、勉強をして、どうも俺は人間がだめで、とてもこれじゃ偉くなれそうもない。学問が進歩しそうもないと考えて、毎晩寝床の中で布団をひっかぶって泣いたという、これが大事なところです。

この情緒、この感動を持たねばならないのです。この精神があるかないかで人間が決まるのです。この情緒（「じょうしょ」「じょうちょ」どちらでもよろしい）を、年とともに、何になっても変わらず、それ相応に持ち続ける人が本当に偉いのです。

国事を憂えて泣いた桂と小村

世界の奇蹟と言われるほどに日本を発展・勃興させた明治時代の政治家と、今日の議会などを通じて見る政治家とのどこに相違があるか。第一の相違は、この情緒・精神の問題です。至醇な熱烈な情緒・精神というものを、今どきの政治家は持ち合わさない。持っている人がまことに少ない。これがたくさん出てくれれば、世の中は問題ないのです。必ず良くなるのです。

左内十五歳の時の彼の感想から思いついて申しますと、たとえば明治時代の政治家・大臣などは、ひとたび天下国家の事になると、よく泣いた。今は天下国家のために泣く、人民のために泣くなどという政治家は少なくなりました。

日露戦争の頃、桂《かつら》首相の秘書官であった中島久万吉《くまきち》翁の話に、当時、なにしろ皆、昂奮して何かというと激論が多かった際に、桂さんや小村さん（寿太郎。外相）が抱き合って泣いている光景をよく見かけることがあった。いま国事を憂えて抱き合って泣く政治家がいましょうか。

築地の料亭「瓢家」の女将《おかみ》の話。これも日露戦争に関係してのことですが、その当時、一の急務は軍費の調達で、外国の借款に成功しなければならない。誰かアメリカからイギリスへ行って、急遽借款をまとめてこなければならぬ。それで白羽の矢を立てられたのが、高橋是清《これきよ》さん（一八五四〜一九三六、日露戦争当時の日銀副頭取。のちに蔵相、首相）でありました。幸いに彼の地で成功して帰ってこられたのですが、この高橋さんが、外国借款について、桂さんたちから説得せられたのが築地の瓢家においてでありました。

ここの女将がなかなかの女傑でありまして、この女将が老病で重態になったということを聞いて、高橋さんが瓢箪《ひょうたん》をさげて見舞に行った。

「実は、見舞に瓢箪というのは、おかしいようだが、これは大いに意味がある。それは、わしが、もう一世一代の心血をそそいで苦労したのが日露戦争の時の借款だ。ロンドンで、これをまとめて、やれやれと重荷を下ろした気持で、ふと街を散歩したところが骨董屋がある。そこに日本の瓢箪がかかっていた。懐かしく思って、記念に買ってきた。というのは、わしが任命されたのは、この瓢家であったから……。そこで思い出してお前の土産《みやげ》にと思って買ってきたのだが、それっきり忘れとった。今、お前が悪いと聞いて思い立って、記念にこれを持ってきた」

こう言って、その瓢箪を与えました。すると病床の老女将、むくむくと寝床から起き上

がって、

「ああ思い出しました。そのとき、私はまだ若いお酌の時代で、何だか分らなかったけれども、ある晩、総理大臣をはじめ偉い方々が奥の部屋にお集まりになって、用事があったら手を叩くから、そのときは酒を持ってこいと言われて、お手が鳴ると恐る恐る銚子を運んだものです。そこへ貴方がおいでになって、何だか非常に真剣な、私たちでさえハラハラするような空気で、長い時間秘密のお話がありました。やっとまたお手が鳴ったので、お銚子を持って行ったところ、皆さんが貴方に、『よく引き受けてくれた』と、泣いてお礼を言っておられた。何も分らなかったが、自分もその光景に非常に感動しました。今、貴方のお話をうかがって、そのときの光景をまざまざと思い出します。しかし、その時分に比べて、近頃の政治家たちは、ありゃ一体なんですか。こんな政治で日本の国はもつのでしょうか。私ゃ気がかりで仕方がない」

と、重態の老女将、大の憤慨です。高橋さんはびっくりして、

「そう怒るな、体に障《さわ》るぞ。まあまあ、そんなことは俺に任せとけ」

と言って、やっと寝かして帰ってきたということです。これは中島さんが高橋さんから直接聞かれた話だそうです。こういう、国家とか、民族とか、世の中の為ということに、純潔熱烈な感情・気概が、市井の人々にも豊かにあったのが明治の好いところです。

近来、教育ある人々は、一般に、人間の大事な機能をもっぱら知性・知能として、頭が良いということを一番の誇りに考えてきました。そして情緒とか気概というようなものを割合に軽視しました。ところが、最近やっと心ある学者たちも、〈むしろ人間に大事なものは情緒である〉ということを証明するようになってきました。

〈頭が良いということより、情緒が良いということが大事である。むしろ、優れた情緒の持ち主であってこそ本当に頭も良い〉

ということを説くようになりました。これは最近、学問の趨勢の顕著な一例です。

直観に優れた頭脳こそ最上

学校でも、今まで一般に頭が良いということを賞《ほ》めたものです。ところが、頭が良いということは、決して第一義ではない。そもそも頭が良いとはどういうことか。その意味する内容が非常に変わってきた。今まで一般に考えられた頭というものは、機械的な理解や記憶の能力で、頭のハシクレには相違ないが、本質的な働きではない。真に頭が良いということは、直観に優れなくてはならない。智慧というものでなくてはならない。knowledgeではなくてwisdomである。wisdomというものは、情緒と結びついているもので、情緒が発達しないで智慧や偉大な行動力は生じないのです。

やっぱり国を思って泣く、己を忘れ相擁して泣くという純情な感激性があって、真の国策も成功もあるのです。そういう情緒のない、いい加減な人間どもが集まったところで、良い智慧は出てこない。悪智慧しか出ない。

子供の養育についてもそうですが、母親が子供の言葉を良く理解する、子供の意欲を良く察知する——それは母親の愛情からです。愛情があるから直覚する。父親の方は、母親の愛とは違って我がある。そこで子供の片言は父親によく分らぬ。ここにデリケートな相違があります。

少年・幼年というものは、大人から幼稚・無内容に見えるけれども、かく本質的に見てくると、尊い内容を豊かに持っている。そもそも、我々の肉体の細胞は新陳代謝する。四年ないし七年で身体の細胞は一新する。しかし脳細胞だけは変わらぬ。生まれ落ちると、すでに一生に必要なる脳細胞を具備して、その脳のいろいろな機能が完全に発達するまでには年を要するけれども、すでに三歳にしてその細胞の八十%は機能を開始する。そしてその細胞は変わらない。だから「三つ子の魂百まで」ということは科学的に真実です。故に脳を冒されたら回復が難しい。

脳の重量は、少年の時は体重に比して高率です。大体六%、大人は体重の二%強です。それから、全血液の四十%が少年時代の脳に注がれます。大人になると二十%——半分です。だから子供の素質・能力というものは、自然が非常にたいせつにしておるわけです。そこで、なるべく幼少年の時から教育し、訓練すれば、持って生まれている純真・豊富な能力は非常な力で発育するものです。知能のようなものにしても、技能のようなものにしても、少年時代ほど、あるいは幼年時代ほどよく習得します。大人ではできない能力を発揮するものです。

もっと徹底して言うならば、幼児よりもさらに可能的状態である胎児がもっと神秘的なものであります。胎児を最も良く育てるということ、これが最も根本的にたいせつなことであります。胎児の研究は西洋近代の学問では軽視されていました。むしろ東洋の方が、「胎教」といって早くから重要視していました。胎教などというと、西洋式医者とか心理学者たちは、全く非合理的・迷信的なもののように思っておりました。これもごく最近になって、胎児の研究が、いろいろの方面から発達してまいりまして、生物進化の系統からいうと、胎児というものが最も根本的な重要問題だと分ってきました。胎児の研究のことを neoteny ネオテニーという。しかし、まだこれは未開で、おそらく今後科学的にすこぶる未来性に富んだ面白い問題の一つとして注目されております。

胎児が大事だということは、母の、したがって妻の思想・精神・人格・生活態度・慣習というものがいかにたいせつであるかということになります。そこで最近は、女性の研究がだんだん面目を新たにするようになってきました。大体、今までの婦人論者の婦人に関する迎合的意見などがとんでもない誤謬であることが、いろいろ明らかになってきました。在来、封建的として排斥されてきたことが、そうではなくして、正しい真理を含んでいるということも、いろいろ証明されるようになってきています。

子供は能力の宝蔵

そこで、次に人間の幼少時代の能力とその培養に関して検討を試みましょう。これはわれわれ自身のためにも、人のためにも、子孫のためにも、非常に大事な問題です。そして、考えてみると、我々はいかに少年時代を空費したか、あるいは誤ったかということがわかります。そうすると、せめてこれから先、できるだけ努力しようということも、はっきりすることです。

子供は幼稚である、なにも内容がないと錯覚したことは、大人の不明であって、子供は豊富な内容・能力を持っている一つの無限的なもの、宝蔵なのであります。生長するということは、一面において生長に違いないが、一面において、それこそ、まことに惜しい限定である。たとえば少年時代には夢がある。夢が大きいということは、無限性を持っておることだ。言い換えれば、何にでもなれる可能性を持っておることだから、本人は何にでもなりたがる。また何にもなれる素質を持っている。

ところが大きくなると、学校に入る。学生時代はまだ無限的なものを幾らか留《とど》めておるが、それでもぼつぼつ限定されてくる。法学部、文学部、医学部と、いろいろ限定されてくる。卒業すると、今度は悲しむべき有限的なるものになる。実業界へ行く、官界へ行く、教育界へ行く、農業だ、工業だ、そういう方面に限られる。もっと徹底して言うならば、何省、何局、何課、何係、何という。これはちょっと淋しいことだ。宇宙と一体である人間が、その一局部、課、係なんというものに限定されてしまう。

だから、せめて内面生活だけでも、そういう限定を受けない、無限定なものになる必要がある。それは浮世の仕事をも活かせる。これを学問といい、修養というものだ。

子供は本当に無限的なものを持っている。宗教的、哲学的、芸術的、音楽的、あらゆる性質・性能を含んでいる。このすべてを実現することができなくて、現実はその一部を実現し得るに止まる。あとはその肥料になる。だから、少年時代・幼年時代というものは、非常にたいせつにしなければならない。

人間の本質と属性

大体、人間内容には「本質的要素」と「属性」と二つある。つまり本質と属性に分けることができる。われわれの才智・芸能というものはもともと属性である。どんなに立派であっても、どんなに有効であっても、要するに付属的性質のもので、決して本質ということができない。本質というものは、これあるによって人間であり、これがなければ人間ではないというものです。これに付け加えられるものが、属性です。才智芸能はあるに越したことはないが、ないからとて、人間であることに別段致命的関係はない。多少才が乏しくても、芸が拙くても、頭が悪くても、人間であることに差し支えはない。人間たることにおいて何が最もたいせつであるか。これをなくしたら人間でなくなるというものは何か。これはやっぱり徳性だ。徳性さえあれば才智芸能はいらない。否、いらないのではない、徳性があれば、それらしき才智芸能は必ずできる。

かつて私は夏になると御殿場で暮らしたことがあります。そこの須走という所に浅間《せんげん》神社がありまして、この神社の掃除番をしておった一人の少年がありました。これは精薄児で、その親は富士山麓の痩土を耕す貧乏な百姓でした。少年が馬鹿で役に立たないから、親たちはいつも「馬鹿が！　馬鹿が！」と、こづき回すので、少年は悲しく泣いてばかりいました。泣きながら畑仕事をしていると、この富士山麓の森林は、最も植物も動物も種類が豊富なところで、いろいろな小鳥が啼いている。少年は元来無心ですから、そのうちにだんだんつりこまれて、鳥と一体になる。そこでいつの間にか鳥の鳴き声を覚え、鴉《からす》だの、駒鳥だの、山鳩だの、いろいろ鳴き分けるようになった。それがいつとなく近辺の人々に知られて、滞在客が、退屈ばらしに少年を呼んで、小鳥の声を出させる。彼が鳴くと、また小鳥も集まってくる。それで面白がって、なにがしか金をやる。どうやら少年は収入があるようになりました。私は少年と知り合いになって、よく遊びに来るようになりました。そうするといい気なもので、家人も彼を自慢にするようになりました。私はどこか共通性でもあるのか、少年時代から、よく愚物や狂から好かれました。

天というものは有難いもの、面白いもので、馬鹿であるが故に、この少年もここに至れたわけです。寄席などに行ってみると、物真似の名人がおる、猫とか、犬とか、鶏とかを、いろいろ真似る。けれども聞いておってやがて不愉快になります。自然でないからです。

思想・理論の陥し穴

現代文明の一つの危険は、この自然を犠牲にして、技巧に走ったということ、その禍《わざわい》を今も深刻に受けております。自己疎外・人間疎外も、つまりそれです。技巧の「技」という字は、手偏に支で、「支」は、分派―岐《わか》れるという字であり、本流に対して支流・分派・派生・末梢化・分裂・衝突になります。つまり、「技」は「偽」に通じます。「偽」という字を分解すると、人が為す、それが真実を、自然を、誠を失うと、「いつわり」になります。

ここに極端な、それだけ面白い一例話を挙げましょう。

かつてアメリカのペンシルヴァニアに、一人の紳士がありました。神経衰弱がひどくなって、自殺しました。その遺書を検死の役人が見たら、死ぬ理由が書いてありました。それによると、本人は後妻をもらった。彼には父があり、後妻には一人の娘があったので、老父と自分の後妻親子の間がうまくゆくかどうか心配したのだが、非常にうまく納まって、父がこの娘を後妻に直すようなことになった。それから、わからなくなったのです。何となれば、わが娘は、わが父の妻であるから、わが母である。わが父は、わが娘の夫であるから、わが子である。そうすると、わが妻は、わが娘という母の母なるが故に、わが祖母であり、我は、わが父という子の子であるが故に、わが孫である。わが娘はわが母にして、わが父はわが子なり。わが妻はわが祖母にして、我はわが孫なり――何が何だか分らなくなって、とうとう死んだというのですが、実際あったことだけに、ますます面白い。

知識だの理論だのというのは、往々こういうふうになるのです。

これも実際あったことですが、大正末期、社会思想というものが喧《やかま》しくなりました時、帝大の機関誌に無政府主義者クロポトキンの論文の飜訳が出ました。それによると、「コロンブスが新大陸を発見した以上の大なる発見とも言うべきことがある。それは従来の人間が知らなかった社会というものが、国家のほかに発見されたことである。今まで人々は国家あるを知って、社会あるを知らなかった。国家というものは、三つの要素からできている。一に領土、二に人民、三に主権者。ところが、社会というものは、特定の主権者というような者の権力支配関係ではない。土地と人民との自由な組織である。国家と社会との違うところは、権力服従関係の有無であって、その点からいって、国家というものは人民にとって手械《かせ》足枷《かせ》の如きものである。この手械足枷を打破し、国家を打倒して、真の自由な社会にせねばならん」

というのです。これは一無政府主義者の論文ですが、こういう影響が強く近代の国家思想・社会思想の中にあります。国家といえば、権力支配で、これから人民を解放して、自由な社会を作るのだ、これが馬鹿の一つ覚えみたいになっております。この観念を振り回す、このイデオロギーの囚人がたくさんおります。日本に特に多い。

これらはどこに間違いがあるか。わが娘は、わが父の妻なるが故に、わが母である——この論理的帰納がいけないわけです。つまり、実在と抽象的概念との混同です。A＝C, B＝C, ∴A＝Bなら成り立ちます。抽象的論理です。しかし、これを軽々に具体的応用に持ち込めば、とんでもない誤りに陥ります。思想学問は、往々これに陥るのです。

国家というものは、非常に複雑な自然社会・本然社会であって、人間が勝手にこしらえたものではない。いろいろの因縁で人々が相集まり、生活を共同にし、その間に、思想だの、感情だの、利害だの、いろいろの関係が成立して、それが長い年月を経て、次第次第に複雑な内容を持って発達してきたものが国家だ。だから国家の中には共同生活、共通利害、共通感情、共通理念、歴史的因縁、いろいろの内容があります。それを簡単な三要素などに割り切るなどは、無限なるものをとんでもなく限定することで、とんでもない誤見です。

「人間とは何ぞや、——人間とは五臓六腑の集合である」、そういうように簡単に片づけられたら、人間の値打ちはありません。「子供は幼稚」ということも、同様、実は大問題で、軽々しく限定することのできない無限的なもの、可能的なもの、潜在的なものを豊かに備えておるのです。

子供の徳性と鍛錬

子供の徳性の最も本質的・根源的なものは、第一に暗い明るいということ。人間が光を愛する。これは宇宙開闢《かいびゃく》・天地創造とともに生じたものです。我々は、まず光明を愛します。明るいと同時に浄《きよ》いということ、清《さや》かということ、朗らかであること、清く赤き心、清けき心。これは古神道の根本原理で、人間の子供も、これを根本徳とします。

だから、子供は常に明るく育てねばならない。明るい心を持たせ、清潔を愛するようにしなければいけない。それから素直ということ、真っ直ぐということ、即ち「直き心」、仏法でも「直心《じきしん》」という。直心が人間を作る道場です。

次に忍耐。忍耐をなぜ必要とするか。天地は悠久である。造化は無限である。したがって人間も久しくなければいけない。物を成してゆかねばならない。それは仁であり、忠であり、愛であるが、それを達成してゆくものは「忍」である。

愛といえば、また「敬」がたいせつである。愛は人間に至って特に敬を生じ、恥を知るようになった。そこから宗教も道徳も発達した。そういう徳は、諸徳の中で最も根本的・本質的なもので、これらを子供のうちから豊かに養っておかねばいけません。子供は二〜三歳の頃からすでに敏感なもので、五〜六歳頃になると、こういう徳を含む、性格というものができます。

そうして考えますと、世の中の親というもの、あるいは子供を取り巻く人々は、この徳を無残に害《そこな》うということがよくわかります。何も知らない幼児に、お化けが出るなどと嚇《おどか》したり、手足を不潔にして顧みなかったり、犬や猫と同じように餌で釣ったり、故なく犬や猫を叩いて、子供をあやしたり、すべて良くないことであります。こういう育ち方をした子供が、大きくなると不潔になったり、残酷を敢えてしたり、収賄したり、贈賄したり、およそ不徳を意に介しなくなるのです。

この徳性というものが発育するにつれて、これから出るところの枝葉である知識とか、技能というものは、どんどん伸びます。知性や技能の基本的なものも、したがって幼少のうちに根を下ろさなければいけません。知識・技能というものは、大人になってからではなかなか本物になりません。肉体的な力もそうですが、鍛錬陶冶《とうや》するに従って発達はするけれども、根本的には、やはり若い時ほど生命力が、特に六～七歳から十三～四歳、せいぜい十六～七歳くらいまでの間が一番旺盛であります。眼力というものも、十歳くらいが一番強い。記憶力も十～十二、三歳が一番旺盛で、それを過ぎると衰えてくる。注意力も十歳前後が盛んです。それから想像力・連想力、こういうものも十歳前後が旺盛です。

子供は容易に物事に熱中します。そうして、大人から言うと、奇想天外のようなことを子供はよく言ったり考えたりします。とんでもないことをよく記憶します。白紙に字を書くように記憶の頁に印するのです。もし記憶が悪ければ、それは注意力が足りないのです。注意させなかったのであります。子供を本当に導いて、あるものに注意を集中させたら、子供はよく覚えます。その意味において子供時代ほど叩き込まねばならない。ところが、なんぼ叩き込んでも、鍛錬陶冶しても、子供の生命力は旺盛ですから、大人のように疲れない。疲れてもすぐ回復する。だから難しい技芸なども、子供の時に仕込んでおかないとだめであります。甘やかして育てられた甘えっ児というのは話になりません。

　ところが、長い間、教師も、父兄も誤って、子供は内容のないもの、子は弱いもの、幼稚なものと考えて、これを甘やかし、放任することが善いことである、子供らしさとか、無邪気とかいうことを浅薄に考えて、「自由主義教育」などの美名の下《もと》に、子供を放りっぱなしにしがちでありました。明治時代は、まだそれほどでなかったが、大正以来、第一次大戦以後、そういう風潮が盛んになって、日本の少年をすっかり駄々っ児にしてしまった。甘えっ児にしてしまった。戦後、それが特にはなはだしくなりました。

　植物でも、動物でも、人間でも同じことですが、鍛錬陶冶しないで立派に成長することは絶対にない。甘やかしたら、すべてだめです。

　植木を栽培しても、ふらふら伸びるままに蔓《つる》を伸ばしておいたら、皆だめです。咲くがままに花を咲かせ、なるがままに実らせたら、だめです。適当な時期において剪定《せんてい》し、枝葉を払う。だから植木屋はしじゅう鋏《はさみ》をチョキチョキやっておるのです。そうして花でも実でも間引かぬと、即ち果断・果決がないと良木にならぬ。美果を結ばぬ。良い花を着けない。したがって躾《しつけ》、慣習というものが大事なのです。この徳性というものと、良い躾、即ち良習慣というものが相俟《あいま》って一切の才智芸能をも発達させるのです。

　こういう厳粛な根本条件をいかに閑却し誤解してきたか、これを青少年みずからよく正覚しなければなりません。この徳性を働かす大事な潤滑油とも、体液とも言うべきものが、即ち美しい情緒であります。情緒が理性や良習を得て情操というものになります。経済や政治のような功利的なものでも、美しい心情や良い慣習によってどれほどよく改まるか、計り知れない効果のある問題です。

理想精神を喚起する偉大な人物を心に持つ

人間の徳性・心情を棚に上げて、功利的見地から、はたしてまことの福祉を実現せられるでしょうか。近代国家の福祉政策というものにも大きな疑問があります。簡単な好意から社会福祉を謳歌して、幼児の保育から始めて親の手から離し、国家社会の施設で育て、親の手数も金もかからぬようにし、病気も失業も養老も何もかも社会政策で片づけてゆく、そのために人民は税金を払えばよいということが、はたして真理に合うものでしょうか。

それは確かに、困っておる人々に少なからぬ利便を与えることには相違ないが、これが世人の観念になり、風習になることは、人間を次第に非人間化し、機械化することを免れません。現にスウェーデンでも、イギリスでも、すべて福祉政策国家の最近の情勢は、その福祉主義に次第に大いなる疑惑を生じ、物議を生じております。そういう各国とも、青少年の風紀は乱れ、犯罪は悪質になり、自殺者の率は次第に高まり、民族が全体的にだらしなくなるという傾向を明らかにしております。人間を物質や機械にしてしまえば簡単ですが、個性のある霊的な人間を取り扱うには、もっと慎重な用意が必要です。

病気や貧困や弊害の応急対策もたいせつであるが、もっと根本的に人間そのものを改造し、世の中に生気を奮い起こす根本的な福祉を考えねばなりません。特に青年の場合において、このことはたいせつであります。青年において消極的・利己的・享楽的気分や放縦な習慣ほど悪いものはありません。かの橋本左内の『啓発録』で言うならば「振気」、気を振るう、青年の全エネルギーを奮い起こすことが大事です。それにはどういうことを考えねばならないか。

青年は意気地のないことや、だらしのない身持ちを恥じて、熱烈な理想を持つこと。クラーク先生の名言を引用すれば、「青年よ、大志を持て Boys, be ambitious!」です。それは決してとてつもない計画を立てろというようなことではありません。「こんなだらしのないことでどうするか！ 俺はもっと立派な人間になるんだ」という奮発心を起こすことです。太陽の光に浴さなければ、物が育たないのと同じことで、人間の理想精神というものは、心の太陽です。理想に向かって情熱を湧かすということは、日に向かう、太陽を仰ぐということです。これがないと人間のあらゆる徳が、したがって才智芸能も発達しません。

その大事な条件は、我々の心の中に、日常生活に真剣な理想像を持つということです。もっと具体的に言うならば、偉大な人物に私淑するということ。

近代の教育家なら、たいてい必ず一度はその門を叩く大家に、ウィリアム・ジェイムズという人があります。いわゆるプラグマティズムの開祖といわれる人であり、アメリカの思想学問、特に教育学上に不朽の足跡を印しておる人です。日本にもずいぶん影響のあった人で、西田幾多郎教授などにも影響しておりますが、このウィリアム・ジェイムズが、「人間は青年時代に（いくつになっても同じだが）心の中にはっきりした、正しい理想像、即ち私淑する人物を持って、この理想像に向かってたえず努力する、そこに到達するように努力するということが青年の運命を決する問題だ」と言っております。

実は、なにもジェイムズを引用する必要はありません。古来、識者が等しく言っておることです。人間はできるだけ早いうちに、できるだけ若い間に、自分の心に理想の情熱を喚起するような人物を持たない、理想像を持たない、私淑する人物を持たないのと、持つのとでは、大きな違いです。なるべく若い時期に、この理想精神の洗礼を受け、心の情熱を燃やしたことは、たとえ途中いかなる悲運に際会しても、いかなる困難に出会っても、必ず偉大な救いの力となる。若い時にそういう経験を持たなかった者は、いつまでたっても日蔭の草のようなもので、本当の意味において自己を伸ばすということができない。ことに不遇のときに、失意のときに、失敗のときに、この功徳《くどく》が大きいものです。
いろいろと基本的な知識や技能もなるべく子供の間に与えておかなければならないが、それよりもっともっと根本的な問題は、なるべく少年時代に、この理想精神を喚起する、偉大な人物に向かって感激の情熱を燃やさせる——この勝因（すぐれた善因）に逢わせることです。この力は大きい。「勝因に逢う」ということは、地蔵菩薩の功徳の一といわれます。

人間の念力の偉大さ

私は先日、久しぶりに、大阪と奈良との間の脊梁山脈の中にある、有名な生駒山上に一宿しました。そこに宝山寺という名高い真言のお寺があります。徳川前期にこの宝山寺を開いた「湛海《たんかい》」という和尚、これは哲人であるとともに、なかなか芸術家でありました。特に彫刻に長《た》け、この人のいろいろの仏像が祀《まつ》られてあります。その中に不動明王があります。湛海和尚は不動明王に祈念を凝《こ》らした。この人は、たいへん美男子だったそうで、したがって女に好かれて困った。

大体、大丈夫は女に好かれるようではいけない。これは普通の人間の考えと反対ですが、大いに意味があります。そもそも大丈夫は、それくらいの気概がなければならない。男と生まれて、金を欲しがったり、名誉を欲しがったり、地位を欲しがったり、女を欲しがったりするようでは、逆に言うと、そんなものに取りつかれるようでは、まだ器量が小さい。金や地位で男になるようなのは、まだ本当の男ではない。そんなものは皆、人に任せて、露堂々と世に立てるこそ真の大丈夫です。いい加減な女に追いかけられるようではだめだと、確かに言えることです。

女も同じ。つまらぬ男に好かれるようなことではだめ。

湛海和尚は不動明王を祈念して、「一刀三礼」、即ち刀を振るうごとに三礼をこめて、不動明王を刻んだ。不動明王は大日如来《だいにちにょらい》の一化身《けしん》、使徒で、大日如来、即ち毘盧遮那《ビルシャナ》仏、日本神道でいえば天照大神《あまてらすおおみかみ》です。日の仏です。だから大日如来という。この大日如来の精神・教令を奉行《ぶぎょう》するために、これを妨げる悪魔を降伏《ごうぶく》する、憤怒の形相《ぎょうそう》、私憤でない公憤・道憤の形相をとって現れたものが不動明王であります。もろもろの悪魔を脚下に踏み据えて、あの猛々《たけだけ》しい相を現じております。「不動明王経」というお経があります。実に痛快なもので、惰気《だき》を一掃することができます。

和尚は、かくて年月たつほどに、生身がそのままに不動明王のような威厳を具現するようになった。湛海和尚が姿を正して人に臨まれると、接する者が猛火に焼かれるような衝撃を受けた。ある時、宮中に参内《さんだい》されたら、かねて懸想《けそう》しておった女官がひそかに恋文を渡そうとして近寄ったが、猛火に焼かれるように感じて、進めなかったという話も伝わっております。さもあろうと思われます。

人間は慈悲柔和の権化《ごんげ》にもなるし、そういう大威力を体現することもできます。これを人間の念力《ねんりき》といいます。

徳川後期に片倉鶴陵《かくりょう》という医学者、名医があります。この東洋医学、漢方医学の根本経典の一つに『傷寒論《しょうかんろん》』というものがあります。これは非常に難しい本であるのみならず、漢の張仲景という哲人の著わしたものと伝えられております。古来シナでは太公望の作とか、(周の)文王の作とか、理想の人間を著者に仕立てる癖があります。『傷寒論』も張仲景の著といわれますが、とにかく非常に古い、難解の、またいろいろ誤脱などの多いもので、鶴陵はこれに没頭して、かずかずの疑問の解決がつかず、百計尽きて、この上は張仲景先生直《じ》き直きについて教えを受けるよりほかに手はない、というところまで突きつめてしまいました。

ある夜、疲れはてて、うとうとしておると、夢ともなく、現《うつつ》ともなく、一人の非常に気《け》高《だか》い老人が現れて、「自分は張仲景である。お前の真剣な勉強に感じて、疑義を解いてあげる。これはこうだ、それはこうだ」と諄々として教えられた。ふっと気がついたら、すでに消えて跡かたもなかった。しかし、それによって多年の疑問が解けた。彼は元来、唯物的思想を抱いていたが、これによって初めて大覚した、と自ら記しています。人間の念力の偉大な一例です。東洋にはそういう事例は多い。

しかし西洋にもよくあることです。それも宗教家とかいうならば、まだしも、科学者によくあるのです。科学者も真剣に研究に没頭したときは、霊的体験が少なくない。

原子物理学の先駆者で有名なケクレ K. R. Kekule（1829～1896)。この人が、ある物質の原子構造について苦心研究をしておったとき、ある日疲れてロンドンの二階電車の中で、ゆらゆら揺られながら、まどろんでおったら、目の前で原子がいろいろの格好で結ばれて踊っておるのを見た。そして眼が醒めて、非常にインスピレーションを感じて、研究室へ返り、そのヒントから研究を続け、これが構造説のそもそもの端緒になったということであります。軽々しく迷信を信じる者は愚者ですが、何でも軽々しく迷信にしてしまう者はさらに愚者であるということに誤りはありません。

人間は年を取ってからでもいい、大器晩成、結構です。私もこれからますます勉強しようと思っておりますが、できるならばなるべく早い間に、こういう念力を働かし、情熱を燃やして、大成したいものです。

病弱に克つ——ヘレン・ケラー、セシル・ローズ

私淑する人物につれて、持つべきものは、愛読書、座右《ざゆう》の書というものです。憂きにつけ悲しきにつけ、疲れたにつけ淋しいにつけて、繙《ひもと》く心の書というものを持つ必要があります。しかし、そういう志を持っておっても、もし我々が病弱であったり、頭が悪くてはだめだろうか。貧乏育ちではだめだろうか。忙しくて暇がない身ではだめだろうか。「体が弱いからだめだ」「頭が悪いからだめだ」「なにぶんにも貧乏で……」とか、「忙しくてとても……」とは普通人のよく言うことです。はたしてそうでしょうか。

そういうことは決してない。あるとすれば、要するに、怠け者の逃げ口上、薄志弱行にすぎないということを、次にいささか歴史的事実によって確かめてみましょう。

これを知れば発奮しない人間はありますまい。これでも発奮できないなら、よほどの惰夫、怠け者と言わなければなりません。

「自分は志を持たぬのではないが、如何《いかん》せん体が弱い。不幸にして病弱なために勉強ができない」と、いかに多くの青年男女が悲観していることでしょう。

一応もっともです。しかし甘い同情は何にもなりません。むしろ気概のある者からすれば唾棄《だき》すべきものです。病弱は志の如何によっては、時にその逆ですらあり得る。病弱なるが故に勉強できるということも言えるのです。病弱で勉強ができぬということは絶対にない。よくよくの重病ならば別、いや重病なら重病の学問・悟道もあるはずです。まして病弱でできないなどとは言えません。そんな人間は生きる意義も価値もない。死んだ方がましだ！　と考えたら、それから勇気が出て、丈夫になるかもしれない。そういうものです、人間の妙理というものは。

おそらく誰知らぬ者もない「廃人の奇蹟」はヘレン・ケラー Helen A. Keller でしょう。この人はナポレオンとともに、十九世紀の奇蹟と言われた婦人です。これは生まれると二歳の時、脳膜炎をやって、眼も耳もだめになってしまった。これは実に悲惨なことです。幸いに家がよかったので、両親が非常にこれを悲しんで、あらゆる方法を講じたけれども、どうにもならない。それでも諦めずに、あの電話の発明で名高いベルの助言を聞き、またサリバン女史という非常に立派な慈悲と智慧に富んだ婦人がありまして、この婦人につけることができました。その温かい行きとどいた看護のもとに、この不幸な少女は無事に育って、育ったばかりでなく、だんだん盲目で聾唖でありながら知能を啓発して、ついに数カ国語をよくするようになり、ハーバード大学に入って、当時婦人としては奇蹟的な業績を挙げるまでに至りました。十九世紀の奇蹟の一人と言われる所以です。このヘレン・ケラー女史が、ある席で述べた感想に、

「結局、人間は努力です。努力することによって開発されぬ何物もありません」

と語っております。これは人間の肝に銘ずべき至言であります。

今アフリカ問題が世界の視聴を集める一つの重要問題になっておりますが、イギリスのアフリカ開発を論ずるとき、必ず思い出される先駆者の一人はセシル・ローズCecil J. Rhodes（1853～1902）という人です。このセシル・ローズも十九歳の時に肺病に罹り、普通ではだめだ、思い切った転地をしようと考え、彼は兄が南アフリカで事業をやっておったので、ひとつアフリカ辺へすっとんでやろうと、兄貴のところへ訪ねて行ったのが始まりで、それからあの大活動をやったのであります。史上こういう例は決して少なくないというよりも、むしろ人生にこんなことは、ありふれたことなのであります。

私の友人に、やはり中学時代に肺病になった者がありまして、これはむしろ貧乏なために入院だなんだと騒がれず、魚釣りが唯一の楽しみで、どうせ死ぬなら釣りでもするさと、毎日魚釣りを始めました。そして暇にまかせて、釣りに関する本をむさぼり読み、釣りの名人になりました。そして、いつの間にか肺病は退散してしまったのです。

肺病というものに心まで捕えられてしまって、いたずらに薬を飲んだり、入院したり、戦々兢々《せんせんきょうきょう》として、養生ばかりしたところで、それは生を養うておるのではなく、それこそ文字通り亡骸《なきがら》を温存するに苦しんでおるのです。病弱ということは少しも勉強の障害にならない。むしろ凡庸な人間、怠惰な人間、惰夫は、せめて病気ぐらいに罹らねば、救われる機縁がない、ということも決して冗談ではありません。病に関する故人の体験と名言、これを研究収集して、「新病理学」とすれば、偉大な著作もできましょう。

貧乏に克つ――三浦梅園、勝海舟、高橋泥舟

家が貧乏で勉強ができないとは、ありふれた話です。これも、絶対にそんなことは許されません。貧乏などは病弱より始末がよい。貧乏の功徳とも言うべき事例を集めて書物にしたら、大著ができるでしょう。古来、貧乏ほど人間を作ったものはない、と申して過言ではありますまい。脳裏に浮かんだ二三の文献をここに紹介しましょう。

三浦梅園《ばいえん》先生、幕末大分《おおいた》の哲人であり、碩学《せきがく》であります。先生の少年時代の記録が『梅園全集』付録の「逸話集」に出ております。これは私が非常に好きな話なのです。

「先生（三浦梅園、名は安貞・晋）の始めて絅斎《けいさい》（綾部有終）の門に入りし時は、絅斎の年六十六歳なりき。富永（豊後の一村）より杵築城下へは山越《ごえ》四里許《ばかり》なるを、十六歳の一少年は日々経を抱きて往復するに、常に跣足《はだし》なりき」

三里や四里の道を通学するということは大正時代までは平気でありました。田舎では当り前でした。ちっとも珍しいことではなかったのです。前大戦後から、だんだん交通・通信が発達して、自動車だの、電車だの、バスだのが至るところにできて、総じて人間が歩かなくなりました。人間が歩かなくなるということは、たいへん反省せねばならぬことで

す。人間が歩かなくなるとともに堕落したということもできます。明治・大正さえそうだから、まして旧幕時代においてをやです。

「十六歳の一少年は日々経を抱きて往復するに、常に跣足なりき。師絅斎見て之を憐み家人に命じて草履《ぞうり》を与へしむ。少年謝して之を受け、穿《は》いて出づと雖も、門を出づるや直《ただち》に脱ぎ、砂を払ひ、之を懐にして帰る。翌日来るや跣足平日の如し。而して師の門に至るや、復《ま》た草履を懐より取出だし、穿きて入る。其の用意此の如きものありき」

とても今日の諸君の想像もつかぬことだろう。私は、ありありとその少年の姿が目に浮かぶ。そして目頭が熱くなるのです。

西郷隆盛なども貧乏侍の悴で、始終破れ草履をはき、粗服を纏《まと》うておった少年です。それでも行儀は非常に良かった。貧乏の例は際限なくある。むしろ人によると、〝人間は偉くなるためには貧乏でなけりゃならぬ〟とまで言います。過言ではありません。貧苦艱難、あるいは貧弱・多病、その中にいて偉くなったというのではなく、その中におったればこそ偉くなったと言い得る人がどれほどあるか分らない。

次に勝海舟の日記を見ましょう。これは彼の若き日の自筆だ。彼二十五の時のことです。「弘化四（年）丁未（ひのと・ひつじの年）秋、業に就き、翌仲秋二日終業。」この「業につき」というのは彼がオランダ語の勉強を開始したことです。今でいうなら猫も杓子も英語をやるが、あれと同じだ。オランダ語を勉強しよう。まず辞引が欲しい。ところが本屋で買うにはとても高くて手が出せない。それでも彼は苦心惨澹して、金を調達して買いに行ったが、すでに売られておった。そこで買った人の所を聞いて、尋ねて行って、借料を払ってこれを借り受け、それを写し始めた。大した根気です。今時の青年に辞引を借りてきて写し取るなどという根気はとてもないでしょう。むしろ幾らか出せば買えるんだから、そんなことは話にならないと思うでしょう。これが実は深刻な問題です。

それはさておき、当時は第一、辞引がない。本が尊かった。それにしても写し取るということはたいへんなことだ。しかも海舟は、なかなか利発な青年で、彼はその際、二通写して、一部は自分のもの、他の一本はそれを売って金に換えるという離れ業をやってのけております。この仕事を始めたということが、「業に就き」です。

「予、此の時貧、骨に到り、夏夜蟵《かや》無く冬衾《ふとん》無く、たゞ日夜机に倚って眠る。加之《しかのみならず》大母病牀に在り。諸妹幼弱不解事《ことをかいせず》。」妹たちは幼くて、まだ何もわからん。「自ら椽《たるき》を破り、柱を割《さ》いて炊《かし》ぐ。困難到于爰又感激を生じ」、この一言、千金の値打ちがありますね。「困難ここに至ってまた感激を生じ」とは、まったく体が熱くなりますね。たいした貧乏です。貧乏するにも感激がある。ベソをかくようではだめです。「一歳中二部の謄写成る。其の一部は他に鬻《ひさ》ぎ其の諸費を弁ず。嗚呼《ああ》此の後の学業其の成否の如き不可知《しるべからず》、不可知也。」

実に気合のかかった文章だ。こういう貧乏をして、やっぱり彼も偉くなった。

この海舟と本屋で会って、懇意になった人が、海舟の家を訪ねたところが、玄関で下駄を脱ごうと思ったら、「そのままそのまま」と言う。なるほど、どこも床板だけで、彼の勉強する所だけわずかに畳が敷いてあった。おそらく、たいてい焚物《たきもの》にしてしまったのだろう。とにかく柱を削ったり、椽を削り、縁側の板をはいで炊事をしたというわけです。それほどの貧乏をして勉強をした。

しかも海舟には、そんな苦労をしたような面影もない。ユーモアたっぷりの人です。明治維新後、政府から子爵授与の内示があった。彼はニヤニヤ笑って、短冊を出し、

今までは　人並の身と　思ひしに
五尺に足らぬ　四尺なりけり

なるほど、これは気の毒とばかりに、伯爵にしたというような逸話もあります。

海舟と鉄舟と並んで〝三舟〟と称せられる高橋泥舟（謙三郎）という人があります。この泥舟も貧乏の中から鍛え上げた人で、槍一筋で伊勢守になったほどの人です。幕府の手に負えぬ浪士たちも、この泥舟には皆一言もなく服したという人です。

山岡鉄舟はこの泥舟の弟子です。高橋泥舟の本家の主人は、兄の山岡静山（紀一郎）であったが、あまりに槍術鍛錬がすぎて、若死にした。当時、久留米の人で槍を取っては名

人と言われた南里紀助と道場で朝から午後まで長時間真槍で稽古をして、両方の槍の穂先がちびたというくらい偉い稽古をしたものです。この兄の家の後継ぎを小野鉄太郎に請うて、山岡鉄舟となったわけです。

この人々は、ほんとうに捨身の修行をして、その上に死生の巷を往来したが、一向屈託《くったく》がない、線が太い。のみならずユーモアがある。つまり余裕がある。こういうのが本当の風格というものでしょう。泥舟などという号が、そもそもユーモラスだ。これはカチカチ山のお伽噺《とぎばなし》から取ったもので、明治維新になって、いろいろ新政府に出仕を請われたが、皆ことわって、

狸には　あらぬこの身も　泥の舟
　漕ぎ出ださぬが　カチカチ《(勝々)》の山

という歌を作って、「泥舟」と号したのです。

この人の門人に、関口隆吉という人があります。のちに山口県令になりました。たまたま前原一誠《いっせい》の萩の乱（明治九年）に当たり、当時県令は裁判もやりました。昼は厳然として法廷に臨み、夜は私服に着換えて、一本ぶらさげ、牢屋に一誠を訪ねて、慰問したそうです。今なら大問題になったでしょうが、当時は世の中に人間味があったわけです。

子母沢寛《しもざわかん》氏が『逃げ水』という小説を書いています。これは泥舟を中心に当時の海舟・

鉄舟等の鍛錬陶冶の凄まじさが記されてあります。好読物です。

この頃は学問することは学校に入ることになってしまいました。そこで、とにかく学校に入学したい。学校に入るには受験料やら入学金やらいろいろと金がいる。家にはそんな金がない。貧乏では学問もできん——これが深刻な社会問題になってきました。このために教育の機会均等を進める社会政策も必要ですが、同時に、もっと根本的に、「学問とは何か」を考え直すことも非常にたいせつなことです。金がなくてもできる学問が幾らでもあります。金のかかる研究は、金のかからぬ学問、特に「人間学」の裏打ちがなければだめであります。

愚鈍といわれたナポレオン、ニュートン、中井竹山

さて次に、頭が悪い、鈍物である、無能であるというのはどうだろう?

これも問題でありません。歴史を調べてみると、決して秀才・英才でなければ、学問修業成功できなかったなどということはありません。鈍才・凡庸、結構です。——というよりは、むしろあまり出来のよくない、あんまりどころじゃなく、はなはだ出来のよくなかったような少年・青年にして、非常に大を成した人物も枚挙にいとまがない。こういう実際に徴すると、現代的にいうならば統計がものを言います。多くのデータに徴して、確か

に問題じゃないのです。

世界で一番たくさん伝記の出ているのがナポレオンだそうです。今日でもフランスへ行ってみると、ナポレオンの研究がまだ盛んです。全く驚くべき人物です。あのナポレオンは元来、兄弟が十三人あった。そのうち五人早逝して、八人残った。その八人の兄弟の中で、彼は一番出来が悪かった。到底ものになるまいと乳母が評しておった。乳母の評ばかりでなく、学校の受持ち教師もナポレオンの頭の悪いのにてこずって、「この子は頭の中に何か腫物でもできておるのじゃないか」と言っていた。

先生といえば、誰でも挙げるのがペスタロッチ J. H. Pestalozzi（1746～1827）です。このペスタロッチが、またどうも教師を悩ました鈍才で、ことに字が書けなかった。ニュートンも面白い。およそ近代科学を論ずれば、まずニュートンを思い出すでしょうが、そのニュートンはいつもビリからやっと二番でした。ある時、彼は友達から馬鹿にされて、喧嘩して、それから発奮したということです。ダーウィン C. R. Darwin（1809～1882）も小学時代鈍物で、妹にかなわず、教師は彼を馬鹿馬鹿と面罵しました。

幕府後期、大坂儒教界に中井竹山《ちくざん》（名は積善。文化元年没、年七十五）という偉人がありました。父の中井甃庵《しゅうあん》、弟の履軒《りけん》（積徳）相揃って出来物《できぶつ》ですが、特にこの竹山は、風貌人物共に非凡な英傑であります。ところが、彼は少年時代、どちらかというと鈍物と見られていました。西郷南洲だの、東郷元帥だの、おそらく今日の学校の入学試験では、落第組ではありますまいか。

人の評する秀才だの、鈍才だの、全く意に介するに足りません。一に発憤と努力如何であります。〝鈍〟は時に大成のための好資質とさえ言うことができます。鈍はごまかしません。おっとりと時をかけて漸習します。たとえば、書なんかでも、器用な書というものは、ちょっと見ればよいようでも、たいていは軽巧になります。厭《あ》きが来ます。元来下手なのが一所懸命習い込んだというものは、なんとも言えぬ重厚なよいものです。〝馬鹿の一つ覚え〟と笑うことでも、これを練り上げたら大したものなのです。

利巧な人間は、とかく外に趨《はし》り、表に浮かみ、内を修めず、沈潜し難い。どうしても大を成しにくいものです。味がありません。自分は頭が悪い、才がないということは、貧乏や病弱とともに、少しも成人（人と成る）に憂うることではありません。

多忙をバネにした飯田黙叟、直江山城守、王陽明

もう一つ、多忙という悩みがあります。どうも仕事が忙しくて勉強ができない。これは皆言うことです。つまらぬ人間まで始終口にします。まして名士などになりますと、二口めには「忙しい」です。これも問題になりません。佐藤一斎の『重職心得箇条』という、

これは一斎の生まれ故郷である美濃岩村藩のために彼が立案した憲法です。実によくできています。その中に、

「重職たるものは、如何ほど忙しくとも、忙しといはぬがよきなり」

とあります。〝忙しいと言うな。ずいぶん心に余裕を持たねば、大きな問題を取りはからうことはできない。つまらないことまで、すべて自分でやりすぎるから、それで暇がなくなり、忙しがるのだ〟こう言っております。そういう心がけばかりでなく、どんなに忙しい人でも、志さえあれば、ずいぶん大事・大業を成しております。

水戸の光圀《みつくに》卿が『大日本史』を作りましたが、これは南北朝で終わっておる。近世史がない。これを貧乏サラリーマンが、独力で継承して作り上げた驚くべき大著が、名高い『大日本野史』というものです。これは頼山陽の『日本外史』などとは違った二九一巻にわたる苦心の大著です。著者は飯田黙叟《もくそう》（忠彦）といい、昼間は大坂の有栖川宮邸に仕え、夜は父の晩酌の相手をして、その余りの時間で、『大日本史』を二冊ずつ借りて写し取り、それを参考資料にして、『大日本史』の終わりを継ぎ、いわば近代史を叙述した。そして実に三十八年の歳月をかけて、二九一巻という大著を完成したのです。これを考えると、貧乏暇なしで何もできぬ、などとは義理にも言えませぬ。

イギリスで著述家といえば、十九世紀のエドワード・リットン卿 Edward B. Lytton

(1803～1873）を挙げねばなりません。この人は植民大臣をやり、何しろ当時世界に跨がり太陽の没する時がないと言われるほどの植民地を持っておった大英帝国の植民大臣ですから、一面大旅行家でもありました。おそらく当時第一の多忙人でしょう。その人に数十巻の大著述があります。

同じエドワードで、グレー卿 Edward Grey（1862～1933）は第一次大戦の時の外務大臣をした人ですが、この人も、あの忙しい政治家生活の中で、鮭を研究して一家をなし、小鳥の研究も大したもので、彼が外務大臣の時、アメリカのテオドル・ルーズベルト大統領を迎えて、ロンドン郊外の森を散歩しながら小鳥の説明をして聞かせ、小鳥の声に精通して、世界の政治家たちを床《ゆか》しがらせた人です。

私が非常に感動を覚えた一事ですが、かつて米沢に遊んだことがあります。ちょうど上杉家の土用干しがありまして、そこに招かれていろいろ宝物を拝見しました。そこに直江《なおえ》山城守《やましろのかみ》（兼続《かねつぐ》、上杉景勝の家老。一五六〇～一六一九）自筆の『古文真宝』の大部な写本がありました。『古文真宝』上下二巻、細かい註まで実に丹念に写してあり、末尾に、「対陣三越月にして成る」――つまり敵前陣中において三月の間に書いたという。勉強というものは、どこでも、どんな時にでもできるもんだということをしみじみと感じました。

明の王陽明も、病躯を以てこっちの内乱、あっちの反徒と寧処の暇なく奔走しながら、その間に最も真剣な読書・学問・教育・詩作・論述を行っております。弟子たちは、たえず先生のあとを追って陣中に聴講しており、一日の戦闘がすんで、夜になると、夜営の帷幕の中で篝火《かがりび》を燃やして、そこで書物の講義です。弟子たちもヘトヘトになって、翌日眼を覚ましたら、もう陽明先生は前線に進軍している。

しかし、そういう例は珍しくありません。我々の学徒の中にも、過般の戦争中、陣営の中で一番真剣に読書思索したという青年たちも少なくないのであります。

そういう人々の体験によりますと、上海とか北京とかの都会地における時は、小説とか新聞雑誌とかでまぎらすが、だんだん前線に行くにしたがって読まれなくなる。馬鹿馬鹿しくて読めないそうです。まして、もう命がけの最前線に出て、敵に直面し、砲声を聞きながら夜営するという時など、『論語』とか『聖書』とか、真剣な読書でないと納まらないそうです。つまり人間は真剣になると、くだらないもの、浅はかなものなど嫌になるのです。本当に命のこもった、尊い本でなければ身にこたえないのです。

登山家に聞いてもそうです。麓の町の温泉などにヤレヤレと足を伸ばす時なんかは、小説を読んだり、娯楽本を見たりするそうですが、もう深山幽谷に入ってゆけば、そんなものは見るのも嫌になり、厳粛な神聖なものでなければ読めないそうです。外国人のヒマラヤ登山隊や、アルプス登山隊の手記の中にも同じ体験が語られております。だから、だらけた生活をすることが一番いけないということが、これでわかります。

さてまた多忙に戻りますが、活動して腹が減れば、食欲が出るのと同じで、多忙になると、かえって求道心が旺盛になり、頭が働くものです。多忙、大いによろしい。多忙で勉強できない、というようなことは決して言うを要しません。健康で、富裕で、才能に富み、閑があるというようなことは、決して真剣な学問求道大成に必要ありません。

人間は不断に自分自身を鍛錬陶冶しておかんというと、結局悲劇になる。その意味において、病弱であるとか、あるいは愚鈍であるとか、貧乏であるとか、多忙であるとか、いうようなことが、逆に、皆、自分自身を鍛錬する非常な妙薬になる。妙薬以上のものになる。これは動物を養っても植物を養ってもそうであります。

こういう所へくると杉の木などがよく育っておるが、この山に杉の苗木を栽培する栽培家の秘訣がある。あれは、杉の苗木を、よく耕され、よく培養された沃土、肥沃な土壌にあの苗木を疎植する。つまり豊かに、ゆったり植えたりなんかすると、すぐだめになる。ちょっと目はスクスク伸びるけれども、やがて、ある程度生長してくると弱くなる。虫害や風水害にすぐやられる。育って切ってみるというと、中が非常に粗笨《そほん》で役に立たん。苗木の時にごく荒れた地に、しかも密植する——つまり苗木の時にうんといじめておく。そして適当な時期に、それも適当な所に移植する、そうすると隆々として、美材、美木になる、良木になる。

人間でもそうでありまして、若い時から、レジャーだ、バカンスだ、エンジョイだなんてことを言うとったんでは、これはもうだめだ。「バカンスではない、馬鹿でござんす」と万才が言うておる。万才が言う通りだ。ありゃ万才でない、本才だ。知的精神的能力はさらに甘やかしてはならぬもの、代用のきかぬものです。参考書や教授法の発達が、青年子弟の天分能力をいかにふやけさせてしまうか、恐ろしいことです。

人が環境を造れなければ人たる値うちがない

人間は素質や環境をたいせつにせねばならぬが、結局、何よりも自主的努力だということを、もう少し方面を変えた文献に徴しましょう。

その一つはスイスのカール・ヒルティ K. Hilty（1833～1909）のものです。ヒルティは、法律家、弁護士、政治家として知られ、敬虔《けいけん》な信仰家で、宗教家と言ってもよいほどです。その著述も実証的で、深い思索を含んだ精神的なものが多く、日本では最近だいぶ有名になってきました。その『幸福論』『眠られぬ夜のために』などがよく読まれております。

このヒルティがこう言うことをいっております。

「人間は抛《ほう》り出しておいても善くなるような自然的能力を持っているものではない。逆に善に反抗する傾向がある。即ち、怠惰、勤労を嫌う、わがまま、罪のない子供を容易に犯す時代風俗の持つ魔力、などである。児童に根本的に必要なものは、そのうちに成育して、下品なもの俗悪なものなどに触れない清潔な雰囲気である。

教育についての抽象的理論の多くは価値がない。最高の教育を受けた人間も、その後の自己陶冶を欠いては立派な人間には成り得ない。ごく劣悪な教育も、自己陶冶によっては、なお改善され得るものである」

いかにも人間は陶冶次第です。「陶」というのは焼物を造る、「冶」というのは冶金の冶で、金属を精錬することであります。土を拈《ね》り、焼いて、陶器を造る。鉄を鍛えて鉄器を造るようなもので、人間も、やはり焼きを入れ、鍛えるということをやらなければ、ものになりません。自由放任では、決してものになるものではない。いくつになってもそうであります。ほったらかしておいて良くなるというのは、よほど恵まれた天分を持って、人から見たならば、ほったらかされておるようでも、実は人知れぬ感化・鍛錬を受けておるにすぎません。そして一般にはやはり、良い環境に置く、良い雰囲気の中に育てるということです。

「環境が人を造るか、人が環境を造るか」とは昔からよく出る問いですが、「環境が人を造る」ことを力説する者があります。ある者は「いや、人が環境を造る」と言います。この議論は、おのおの一理があって、そのいずれか一方を断定するのは間違いです。

人が環境を造るというのも本当です。人が環境を造れなければ、人たる値打ちがない。どこに自由・自律があるか、主体性があるか。人は一つの小さな天である。天であるというのは、自然である。自然とは創造である、変化である、いわゆる造化である。物をcreateすることが、即ち自然である。神の働きである。したがって、その一部である人間は、物を創造することができなければならない。したがって、人は環境を造る。現に人間はこういう文明世界を造り上げてきた。

しかし、各人が常に自主的に物を造ってゆく、どこまでも主体になって創造してゆくということは、非常に難しいことで、人間の創造力・創造性は、人によってそれぞれ違うけれども、いずれにしても、それほど無限なものではない。ときどき、それが弱まったり疲れて怠ったりする。

造られる環境、置かれる環境の方の力が強いと、今度は環境の影響を受ける。即ち、環境が人を造る。「人が環境を造る」ということも本当なれば、「環境が人を造る」ということも本当である。人が環境を造りつつ、環境から人が造られて、人と環境と相俟って人間世界を変化させている——というのが妥当である。人の創造力の弱いときは、したがって環境を重く見なければならない。環境が悪化してくれれば、人を重く見なければならない。

いま日本の状態は、だんだん行き詰まりになり、立往生の状態にあります。環境の雰囲気は、はなはだ悪い。停滞し、頽廃しておる。いわゆるレジャー・ブームとか、バカンス・ブームとかいうものは多分に病的であります。これを変革する最も大きな力を持っておるものは、やはり政府であり、政府では大臣や総理です。首相たる人が敢然として積極的に革新力・創造力を発揮することができれば、この環境は著しく変化することは確かです。しかし、それを大臣に期待して、国民が何もしないようでは、やはり、そんな大臣も出ますまい。もっと望ましいことは、国民の有志が、一人でも多く、それぞれ積極的・創造的精神を発揮することです。

一燈照隅、万燈遍照

我々はこれを「一燈照隅行」と申します。おのおのが、それぞれ一燈となって、一隅を照らす、即ち自分が存在するその片隅を照らすこと。この「一隅を照らす」は、伝教大師がその著『山家学生式《さんけがくしょうしき》』の中に提唱しておることです。

なんで〝片隅を照らす〟など心細《ぼそ》いことを言われたのか――とよく考える人がある。〝大光明を放つ〟とでも言ってもらいたいところです。しかし聞くだけなら愉快だが、人間みずから大光明を放つことなど、どうしてなかなかできるものではない。つまらない人間も「世界のため、人類のため」などと言います。あれは寝言と変わらない。寝言よりももっと悪い。なにも内容がない。自分自身のためにも、親兄弟のためにも、ろくなことができない人間が、どうして世界のために、人類のために、なんて大口きけるか。それよりも、自分がおるその場を照らす。これは絶対に必要なことで、またできることだ。真実なことだ。片隅を照らす！　この一燈が万燈になると、「万燈遍照」になる。

そういう同志が十万、百万となれば、優に日本の環境も変わりましょう。しかし、これには時を要する。間に合わぬという懸念《けねん》もあります。しかし間に合うと合わぬとにかかわらず、これは不断に努力しなければならないことであります。即効を求めれば、やはり政府に、総理に、あるいは、有力な指導者の奮起に待たなければなりません。そうすれば、変わることは確かであります。

頽廃堕落

人間は、そういう修練をしないと環境とともに容易に頽廃します。山でも、登ることは容易でないが、下ることは速い。人間も鍛錬陶冶して築き上げることは難しいが、頽廃堕落は、非常に速いものです。それは個人ばかりでなく、国家でもそうです。国家でも意外に早く頽廃崩壊することは、過般の日本の敗戦、敗戦後の堕落を見ても明白です。

フランス革命を研究して、リヴァロルの言に打たれたことがあります。リヴァロルA. Rivarol（1753～1801）は、フランス革命当時の有名なフランス語学者であります。この人の研究によって、初めてフランス語というものの価値が明らかにされ、同時に、国語というものをたいせつにしなければならぬということも考えさせられたのであります。彼は、「どんなに進歩した国でも、一歩誤れば、ただちに野蛮時代に退化することは、ちょうど〝夏なお寒き氷の刃〟でも、たちまちにして褐色の錆を生ずるのと同じである。国民も金属のように、表面だけしか輝いていない」

と言っております。いかにもその通りです。よい譬《たとえ》ではありませんか。いま日本の経済が非常に繁栄しておるというけれども、いわゆる経済人でない私は、素人であるだけに、かえって経済人のような偏見を持たない。あるいは経済に囚《とら》われない。その眼で素直に見ると、日本の経済は非常に弱体で、質が悪い。案外もろく、この繁栄は不況に変わりはせぬかと案じられる。

経済も、やはり精神と修練の問題です。明治大正時代の人なら知らぬ者のない『菜根《さいこん》譚《たん》』という面白い本があります。その中に、「一疑一信・相参勘し、勘極まりて智を成せば、其の智始めて真なり」――疑問と所信とを何遍も思索検討し極めて、初めて真智に到達することができる。「一苦一楽・相磨錬し、錬極まりて福を成せば、その福始めて久し」――これが錬成です。苦労の足りない幸福などあてになりません。こういうふうに自己を錬成してゆく上にいくつも大切な秘訣がありますが、ここにその二つ、三つを取り上げてみましょう。

寸陰を惜しむ――枕上、馬上、厠上

第一に、「寸陰を惜しむ」ということです。時間というものは、長い時間を取ろうと思うと、なかなか取れるものではない。それこそ仕事がある。多忙である。邪魔が入る。だから「閑を得たら……」と思うのは何にもならない。けれども、どんな忙人にでも、寸陰というものはある。ちょっとした時間というものは必ずある。そのちょっとした時間をつかむのです。これに熟練すれば、案外時間というものはあるものなのです。昔から一芸一能に精進した人々は、皆体験しておることです。

たとえば、弓を射る。遠くの的を視る。初心者は、的がよく見えぬ。しかしだんだん時をかけて修業してくると、小さな的が大きくなる。目に見えぬような細字を米粒にでも書くことができる。素人は、文字を見るだけでも容易でない。それが、磨錬してゆくうちに、細字を、大字と同じように書けるようになる。これが道の秘訣です。寸陰を惜しんでやっておると、その寸陰が、長い時間と同じ、あるいは、それ以上の値打ちを生じてくる。

前述の一例、飯田黙叟でも、昼間のうちは、主家に勤め、夜は帰って父の晩酌の相手をし、そのあとわずかな時間で、あの『大日本野史』という大著を作るだけの偉大な時間となった。精神を集中し、寸陰を積んでこれを錬磨すると、非常な感覚力を生ずるものです。諸君何かの研究に没頭してごらんなさい。釣りなら釣りでよい。釣りの研究に夢中になっていると、神田や本郷に往って、本屋に入る。何千何万という本があるから、どこに何があるか分るものではない。しかるに釣りに関する本はパッと見つかる。それは不思議なものです。今日はひとつ本屋でも漁《あさ》ってみようかなと思ってブラリと入っても、平生研究問題を持たぬ人では、なにも見つからんものです。平生なにかに精神を集中していると、意外な「発見」をする。そこに神秘な因縁をすら感知するものです。こういうところに人生や、事業、学問の秘訣があります。

古人は「三上」ということをいうています。一つは「枕上」。寝るとき、大欠伸して、寝床にもぐり込むだけでは、志のない人間です。せめて寝るときには、スタンドでも用意しておいて、心の養いになるような、自分の研究や趣味に参考になりそうな、なるべく精神的なものがよろしい、そういう書物の一頁半頁でも読んで寝るという志がなければならない。そうすると意外な閃きがあるもので、なくてもよろしい。清眠します。

その次は「馬上」。今日なら車上だ。しかし東京や、大阪では、この車上はだめです。混雑と動揺の中では、どうにもならない。一番よいのは途上だ。これも跳ねとばされてしまってはだめで、つくづく文明の悲哀を覚えます。私が半生を顧みて、常に懐かしく思うのは、中学時代、生駒山下から飯盛山下・四条畷《なわて》の中学に一里ばかりの道を、降っても照っても歩いて通《かよ》ったことです。この往復の間にどれだけものを考え、書を読んだかわかりません。時には牛車に衝突もした。牛の方が驚いて目を丸くしておった。今になってみると、この中学五年間、高野街道といいますが、これを歩きながら読み考えたことのほんの幾分かを実現・実行し得たような気がします。今でも歩くと、よく物を考える。その点、やはり田舎は幸福である。田舎では、歩くこと、考えることができます。

第三は「厠《し》上」。便所です。これは物を考えるのにやはりよい所で、本を読むにもまことによろしい。その本もなるべく短い語録のようなものが良い。あるいは詩歌の類《たぐい》もよろしい。長篇の論文などは便所に向かない。わずかに十分か、十五分、長くて二十分ぐらいだが、ところが、これが習慣になると、大したもので、何年かのうちに読む分量は驚くべきものとなります。だから志があれば、諸君が他日家を建てるときは、まず便所を良くするとよろしい。一般向き便所以外、別に読書用便所をつくる。いくら贅沢しても、便所にかかる金など僅少なものです。そしてせめて床をつくり、香炉も置き、見台も置ける程度につくっておく。学問もできるし、それからその日の神算鬼謀も限りなく生まれてくるものです。たいていの人々は、くだらぬところを贅沢して、肝腎のところを粗末にする。「尻が結ばれぬ」というのはここにもあります。

この「三上」ということは実に味が深い。時代が変わったから、諸君は諸君の「三上」を作るがよろしい。要するに寸陰を惜しむということの活用であればよろしい。こういう心がけを持てば、どんな境地にあっても勉強のできないことはありません。

勝因と善縁——良き師・良き友を持つ

その次に心得べきことは、やはり「良き師・良き友」を持つということであります。

青年にたいせつな心がけの一つは、人生の物事を浅薄軽率に割り切らないことです。人生というものは、非常に複雑な因縁果報の網で、変化極まりないものであります。人間がこれを軽々しく独断することは、とんでもない愚昧であり、危険であると言わねばなりません。論理学者に言わせると、「Plurality of causes and mixture of effects,——原因の複雑と、結果の交錯」です。それが実在で、その中から著しいあるものを取り出して結びつけ、これが原因、これが結果と決めるのです。

胃が痛む。何の原因かと思う。実際は、胃が痛いという内容は限りなく複雑で、原因も多々あるわけです。暑さで体がだれておったのも原因、前夜遅くまで勉強したとか、酒を飲んだとかいうのも作用しておる。面白くないことがあって、いらいらしておったということもある。そこへ、何か悪いものを食った、飲んだ。こういうように原因は無数にある。そして胃ばかりでなく、他にもいろいろな結果を生じておるのであるが、そのうち特に著しいのは胃が痛いということ、悪いものを食ったということである。そこで、一方を原因、一方を結果とする、こうせぬと割り切れぬ。しかし、そう単純に割り切るばかりでは危ないのです。

単純に因果の論理を進めてゆく間には、多くの内容が棄てられてしまう。その棄てられるものの中に、意外に重大なものがあるかもしれない。人生社会の現実問題となると、因果関係が非常に複雑で、何がどういう縁で、どういう果を生み、どうはね返ってくるか(報)、測《はか》るべからざるものがあります。

法華経に説く「十如是《によぜ》」——如是相《そう》—如是性《しょう》—如是体—如是力—如是作《さ》—如是因—如是縁—如是果—如是報—如是本末究竟等《ほんまつくぎょうとう》。因果の循環関係を十種に説いたものです。

我々が直接経験するそのままの世界、これは「相」です。これは定まったものではなく、変化極まりがない。これを無相という。仏教は、いずれの宗派を問わず、皆まずこの現相を打破し、無相を覚るのです。これらの相は単なる表面だけの世界ではなくて、その中に相を相たらしめる働きがある。それを「性」という。その性の本源が「体」であります。この体は「力」である。科学的に言えば、エネルギーとも言える。単に抽象的なものでなくて、いろいろの作用を営む働きである。これを「作」という。これは、いろいろの現象の「因」となる。ところが、その因が不思議な「縁」(接触)によって、いろいろの「果」を生ずる。だから縁から起こるとして「縁起」という。果はまた一つの因で、あるチャレンジです。challengeがあればresponseがある。歴史哲学者のトインビーがこれを説いている。トインビーを待つまでもなく、あらゆる道の学者がこの関係を説明しております。これを「報」という。すべて異なって、しかも皆同一です。この如是相・性・体・力・作・因・縁・果・報・本末究竟等は、その故に十如是、百如是、万如是、万有世界になります。

世の中は、人間というものは、何がどういう関係を持つか計り知れません。私は銀行員である。だから金融事業が専門である。その他のものは専門外である。そこで銀行関係者とは付き合うが、金融に関する本なら読むが、その他の人間とは別に用はない、本も読む必要はない。こう断定することは、最もものを知らない、道のわからぬ人間です。

たとえば、自分は事業界に入った。製鉄会社である。だから鉄関係の人々には交際する、鉄関係の書物なら読む。事業には金融が必要である。金融業者との交際ならよかろう。その他の人間にはあまり用事がない。畑違いの本は読まない。――こんな考えの人間が多いものです。こういうのを浅見というのです。人世の因果の微妙複雑なことが分らない浅はかな人間です。金融のために銀行に行って、いくら頼んでも金は貸さない。百計尽きておる際、ひょっこり昔の友人に逢った。「おう！　珍しい。どうしている?」「実はこんな始末だ」「そうか、君なら何でもやりとげられる人物だ。(こう見込まれる自分であることが何よりたいせつだ)僕の親友に××がおる。彼は話がわかる。一つ紹介しよう」――こういうことから意外な道が開けることが、しばしばあるのです。

人生の出来事というものも、たとえば何が幸いであり、何が禍であるかは、容易に分らぬ。凡俗の浅薄な考えで、これは幸福だ、これは禍だとすぐ決めるが、人生・自然・天・神の世界の真実・理法は、そんな単純な、あるいはいい加減なものではない。「人間万事塞翁《さいおう》が馬」という諺もあります。

平生から、およそ善い物・善い人・真理・善い教え・善い書物、何でも善いもの・勝れているもの・尊いものには、できるだけ縁を結んでおくことです。これを「勝因」といい、「善縁」といいます。とにかく、せっかく善い人に会い、善い書を見、善い話の席につらなりながら、キョトンとしたり、欠伸をしたり、そっぽを向いたりしている人間はだめでありります。うつけ者です。大体、そういう人間なら、諸君は決して事をともにしてはいけない。そういう人間を友にしてはいけない。むしろ何でもないようなことでも、耳を傾けたり、眼を光らせる人であったら、何か見どころのある人間なのです。もちろん、形骸は眠っておるようでも魂が輝いておる人もおりまして、凡眼ではなかなか見分けがつきません。

伊藤仁斎《じんさい》のところへ、山科《やましな》に閑居しておった大石内蔵助《くらのすけ》が聴講に出かけるが、よく居眠りをする。同席の者が肝に障《さ》えて、仁斎先生に「どうもあの男、居眠っておっていけませんが……」と注意した。仁斎先生は「いや、気にかけなさるな。眠ってはおるが、あの人は出来ておる」と言ったという、うますぎるような話があります。

似たような例は、佐藤一斎《いっさい》にもあります。これは事実です。一斎先生の塾で一同これから寝るという段となると、決まって二人の若者が猛烈に議論を始める。それで塾生が困って、一斎先生のところへ訴えて出た。「どうも夜になると、議論を始める二人がおりまして、うるさくて寝られません。なんとかお叱りください」「誰だ」「佐久間と山田です」。佐久間象山と山田方谷のことです。なるほど、これなら議論しそうだ。一斎先生は「そうか！」としばらく考えておられたが、「うん。あの二人ならやらせておけ！　我慢せい！」。

しかしこれらは例外です。たいてい常則がありますから、心がけ一つで見分けがつくものです。そして、常に虚心坦懐で、農婦や漁夫にも学ぶ心がけが必要です。

学問の仕方も同じです。たとえば、漢学者だから漢籍しか読まぬというようでは、どうも目ざしの干物みたいな人間になりがちです。英文学をやっておるので、英文学書ばかり読んでおると、どうも鼻もちのならぬ気障《きざ》な人間になりやすい。法律家だとて法律の本ばかり読んでおると、昔、一高の寮歌にあった「法科の頭を叩いてみれば、権利権利の音がする」というような法律条文の化け物みたいになりかねません。

万物は多くの異質なものの微妙な統一調和からできております。そういう意味で漢学者もできるだけ西洋の哲学・文学に気をつけ、信仰・宗教にも心を潜《ひそ》める。西洋文学をやる者は、一面厳しい哲学や倫理の書物を読む、歴史に学ぶ。こういうように、多面性・万華性が欲しいものです。ただし、雑学になってはいけません。こなさねばなりません。それは心の問題です。必要とか興味とかの問題でなく、純な内面的要求に従ってやれば、決して雑学になどなりません。

愛読書・座右の書

良い師友と同時に、人間はどうしても愛読書がなければならない。座右に愛読書を置いておきたいものです。腹が減ると何か食べたい。食べるについても好物というものがある。梅花を栽培する。人それぞれ、あるいは薔薇が好きである、あるいは牡丹が好きである、梅が好きである。機会があるごとに、これらの花を集めるのと同じように、始終、愛読書・座右書を持つ。それはなるべく精神的価値の高い、人間的真理を豊かに持っておるような書がよい。ということは、たえず心にわが理想像を持つ、私淑する人物を持つ、生きた哲学を抱くということであります。これは、我々が人間として生きてゆく上に最もたいせつなことです。

現代人の一般的欠陥は、あまりに雑書を読み、雑学になって、愛読書、座右の書、私淑する人などを持たない。一様に雑駁・横着になっている。自由だ、民主だということを誤解して、己をもって足れりとして、人に心から学ぼうとしない。これは大成するのに最も禁物であります。

大学卒業生などを新しく採用する試験委員たちに、「君は誰か私淑する人物を持っていますか」「君はどういう愛読書を持っていますか」と聞いてもらって、なんべんかその報告を聞いたが、ほとんどだめでした。「愛読書」という意味のわからん者さえ少なくない。愛読書というのは、〝面白かった書物〟のように思っておるのも多い。もちろん、書という前に、言葉・文字の知識がこの頃は恐ろしく貧弱かつ混乱しておることも多い。これは確かに国民的堕落の一様相です。

感恩報謝の心

人間は生きる、長ずるにしたがって、思えば思うほど、いろいろの因縁というもの、情感的 emotional に言えば、いろいろな「お蔭《かげ》で」自分というものができていることがわかる。そこで、このいろいろなお蔭でできた自分だから、いろいろ報いなければならない。これを「感恩報謝」といいます。「囗」―環境と、「大」―人の手足を伸ばした相と、「心」とより成るものが「恩」の字です。(その意味は)何のお蔭でこのように大きく存在しておるか、と思う心が〝恩を知る〟ことです。我々は天地の恩、人間の恩、道の恩、教の恩など、あらゆる「恩」の中にあります。これにたえず報いてゆくのが生活であります。

感恩報謝という心を失って、いくら福祉政策などを国家の手でやってみたところで、世の中は真実には良くならない。良くなるように見えても、必ず反作用があって、結論は心もとないものです。人間がこういう自然の美しい心をなくして、反対に、憎悪・忿《いか》り・復讐・殺生・権力支配、こういう悪心を長じてゆけば、どうなりましょうか。そこに近代の最も深刻な社会問題があります。

マルクスの人間性

人間生活が、感恩報謝と反対に、憎悪復讐の争いになったらどうでしょうか。それこそ地獄であり、修羅道であります。人間社会の不幸や罪悪に悩んだ者が人生観・社会観を誤り、人間心理の中の反面に潜在しておる憎しみや怒りや呪い、それから発するところの復讐・傷害・殺生・破壊、そのための暴力・権力支配・征服、こういう業火《ごうか》に燃えて、これが社会の革命勢力になるほど深刻な人間の禍はありません。

不幸にして、西洋近代革命史はその社会の罪悪から生まれた無政府主義者・共産主義者・ボルシェヴィスト・サンディカリスト・テロリスト、そういう者どもの手によって、革命が叫ばれ、革命運動が遂行された。ソ連や中国の革命政権がいかに陰惨な血塗られた歴史を持つものであるか、諸君も知らぬことはありますまい。カストロとフルシチョフに対して何故ケネディが嚇怒《かくど》して断乎たる処置をとったのか——言うまでもなく、革命工作が明らかにアメリカを恐るべき業火の焔の中に投じようとすることを知ったからであります。まことの革命は民族精神の聖火から生まれねばなりません。

しかるに、現代文明は不幸にして、人類に容易ならぬ中毒を起こしています。A・カレルの名評の通り、「病人ではないが、健康ではない」という段階から、「病人には見えぬが、重患である」という階層まで増加してきております。奇型児・精薄児・変質者・異常性格者・狂人、そういったような者が、ごく普通の存在になってきました。

どこか共通して冷酷な非人間性を持つ共産主義者を調べてみると、たいてい次の三種類のいずれかに属します。㈠何らか潜在的に肉体的疾患を持つ者。㈡性格的に異常性を持つ者。㈢本人の育ちに、家庭的か社会的かどこかで、ひどく恵まれなかった事情を持つ者。共産党のシンパになる者も概して暗い内情や心理を持つ者が多い。

かつて社会党左派に属しておった一婦人代議士と会って閑談の節、「あなたは、なぜ党を出ましたか」と聞いたら、「私は最初、社会主義の理念に感動して入ったのですが、党に入ってみると、なんとも底冷えがして、人間味の乏しさに耐えられなくなったのです」と語りました。

共産党になると、もっとそれが深刻です。共産党では始終、権力争奪の闘争が演ぜられ、恐るべきリンチさえ珍しくありません。伊藤律なども周知の犠牲者です。毛沢東やスターリンの残虐は言うまでもないが、レーニンも罪なき数千の人々の銃殺を何の躊躇もなく命令した人物です。最近出た書物でならば、たとえば社会学者のソローキンと刑法学者ランデンの共著『権力とモラル』（高橋正巳訳・創文社刊）でも読んでごらんなさい。

マルクスの人物も、『資本論』ではわからない。マルクスの詳細な伝記や手紙、そういうものを静かに点検すると、マルクスが厭になります。それは明らかに性格異常者であり、若い時は詩を作ったり恋もしたが、その父親が、彼の大学生の時分に手紙をやって、

「お前は友達を持たない。一向友達について話などしない。お前の年頃に友がない、友を語らないというのは容易ならぬ問題だ」

と警告しています。また、

「お前は必要以上の嘘をつく」

と責めています。その頃から彼の暗い、拗《ねじ》けた性格が出ておるのです。だんだん長ずるにしたがって、彼と交わった友人で、彼に懲《こ》りなかった者はいなかったといってよい。あの形影相伴なったエンゲルスでさえ、腹に据えかねて絶交状のようなものを叩きつけている。マルクスが狼狽して慰撫したので諦めたが、蛇に見込まれた蛙のような感じです。とにかく、憎悪・憤怒・呪咀・復讐、こういう陰惨な心理の人間です。

だからマルクス・レーニン主義者は当然、過激派になります。穏健な共産主義者などおりません。おれば社会党右派か、西尾末広氏らの民社になってゆくはずです。

老年になっても壮心を持て

そもそも、悪は善より感じが深刻です。善というものは生命の発展に従うものですから、柔順な感じです。刺激がない。素直です。悪というものは生命の本流に抗するもの、逆行するものですから、どうしても感じが強く、身にこたえます。薬でも本当の良薬は生命を助長して副作用がない。効果も遅い。病の局所攻撃をする即効薬というものは、刺激が強く、副作用もひどい。まして毒薬ではたまりません。

およそ、人々は善に対してはあまり感じません。悪に対して非常に強く感じます。人間も、概して悪人は強い。善人は弱い。

だから世の善人と悪人とを比べてごらんなさい。善人はたいてい引込み思案、消極的で、傍観的であり、団結しない。自然の草木と同じように自ら生きる。他に俟《ま》たないものです。悪人は猛々《たけだけ》しく深刻で、攻撃的・積極的であり、必要に応じてよく団結します。私は昔から、いろいろの機会に力説してきましたが、悪人は一人でも「悪党」と言います。それじゃ善人をさして〝彼は「善党」だ〟とは言いません。悪党という語があっても善党という言葉は使わない。だから悪党と善人では、一応善人側が負けるものです。負けてから、懲りて奮起して、いろいろ苦労して勧善懲悪する。これが昔の物語の筋でした。

ところが、現代科学技術の発達はこの悪党に力を与えるので、一度負けた善人は盛り返しが容易でない。自由陣営の悩みもここにあります。戦後ソ連が露骨に機敏に侵略して、バルト三国を始め、ダニューブ沿岸諸国を鉄のカーテンに取り入れてしまった。極東でも、中国を共産主義者の手に委ねた。北ヴェトナムも取られ、ついに朝鮮戦争が起きた――というところで、やっと国連軍が立ち上がった。

悪意と暴力による革命を、いかに理性と道徳的勇気とによって、平和的に処理するか。日本的に言えば、革命より維新。これが今後の世界・人類が幸福に進むか、進まぬかの岐れ道です。今の共産党はまだ進歩が見られません。レーニンは、「百人のいわゆるボルシェヴィーキの中、真のボルシェヴィーキは、わずかに一人しかいない。残りの九十九人中、三十九人までは犯罪者であって、六十人は愚者である（レーニン、第三ソヴィエト会議の演説）」と暴露しております。

こういう群衆の心理については、斯学の大家であるル・ボン G. Le Bon（1841～1931）が、「ボルシェヴィーキのような心理状態は昔からあった。旧約聖書中のカインはボルシェヴィーキの精神を抱いた者である。しかし、この昔ながらの心理状態を政治的に合理であるとする説を立てたのは現代である。さればこそ、かかる心理は燎原の火の如く広がり、在来の社会的基礎を打ち壊してしまったのである」と説いている。

ヨーロッパでソ連というものを最もよく研究し理解した実際政治家の一人は、チェコの初代大統領トーマス・マサリーク T. G. Masaryk（1850～1937）であるが、彼は、「過激派はツァーを倒したが、ツァーリズムの服を裏返しに着込んでおる」

と名言を吐いている。そして、

「彼らはいかなる代価を払っても革命を欲する」と断言している。

彼らが平和共存するなどということは、戦略以外の何ものでもない。善良な隣人が、〈ロシアも変わった。中国もやがて変わる。だから、彼らはもう戦争はできない。次第に平和共存せざるを得なくなり、結局、共産主義は変化して、だんだん穏やかな社会主義・民主主義・自由主義に近づいてくる〉ものと決めるのは、甘い考えと言わねばなりません。自由陣営があらゆる意味で優秀であり、内的に何らの不安もない堅実さがなければ、共産陣営に気を許せるものではありません。

ソ連や中国が変わるのを待つのではなく、我々は我々の国から、賢明に、それこそ「旧来の陋習を破り」、目覚ましい維新の実を挙げてゆかねばなりません。

青年よ、大志を持て！　そして老年になっても、壮心を持て！

「烈士暮年、壮心已まず」（曹操詩句）。

養生と養心

養生と養心——易学からみた心と体の健康法

過密化は人間を破滅させる

昨年(昭和四十二年)の春でありますが、ニューヨークのある学会、特に都市問題専門の学者たちの会合の席上、エドワード・ホールという名高い人類学者が一場の講演をいたしました。その中で、彼は、それこそショッキングなことを言いました。それは、「こうして我々が集まっておるニューヨークはもうだめなのかもしれない。そして、これを救うことはもう不可能なのかもしれない。しかし、このニューヨークが救えないなら、やがてアメリカそのものもだめになるのです」

と、こういうことを言いました。みんな愕然《がくぜん》としたわけであります。

そう言われてみると、私はこの東京は、もっとひどいことだと思うのであります。つまり、もう東京はだめなのかもしれない。これを救う道はないかもしれん。東京がだめなら日本もだめだ。こういうことになるわけですが、確かに私はそう言える根拠があると思うのであります。ホール教授は、単なるジャーナリストとかなんとかいうような人でない、学界の一権威ある学者でありますが、それがこんなことを言うのはよくよくのことであります。

すべて生あるものは、生物は常に新陳代謝、自己更新する能力を持っておるので、これができなくなったら、それはもう死に傾いておるのであります。現代の巨大都市というものは、次第に人間性、人間生活の更新の力を奪って、いろいろの強い刺激やアンバランスやら、矛盾やらが次第次第に激しくなって、人間生活を不断に更新していく力をなくする。これが大都市の通弊で、それが最近になって極端になってきておる。

アメリカでは、たとえばニューヨークで申しますと、ボストンあたりからニューヨーク、ワシントンとずっと市街が続いておるわけです。それでメガロポリス megalopolis、連続大都市というような言葉ができておりますが、最近では、さらにエキュメノポリス ecumenopolis という言葉がはやってきております。エキュメニック ecumenic というのは、もっぱらキリスト教で使う「世界的」とか「普遍的」という意味ですが、それが一般化しまして、もう都市が、少なくとも国全体を挙げてそうなる。やがて、大陸ならば隣接する国家にまで及んで、大陸をあげて都市化するという意味で、エキュメニックというキリスト教の用語を転用しまして、「世界的大都市」を意味する通用語になっております。

その誰にもわかる一番の弊害は、人間の過密化ということと、それから、いろいろの混雑・紛糾・違和混乱であります。これが救えるかどうかということは、全く深刻な問題であります。

アメリカのチェサピークという湾に一つの小さな島があります。そこへ鹿を試験的に数頭放ったことがあるそうですが、それが五十年の間に、三百頭ぐらいにふえたそうでありま す。それを専門家が研究しておりますと、その小さな島の鹿の生活が過密化するにつれて、群鹿の間に非常な異変が起こってきて、鹿が喧嘩をしたり、病気をしたり、いろいろトラブルを起こしまして、みるみる八十頭ぐらいに減ってしまったということであります。

それから、またノルウェーの学者の報告では、スカンジナヴィアに、レミングという鼠に似た小動物がおります。その「ノルウェー鼠」を一組は生活の余裕・広場を十分にして育て、一組は狭い所へ多数の鼠を放って、ごった返しの生活をさせて、比較・研究してみたそうですが、大勢の鼠がごった返して暮らす分野においては、たいへんな異変が起こりまして、みるみる鼠どもが平和性、共同性、秩序、そういうものを失って凶暴になったそうであります。そして、鼠の社会も、仲間の生活秩序が彼らなりにあるものですが、たちまちそれが乱れて、あるものは凶暴になり、濫交が始まり、雌鼠が怠惰になり、不潔になる。子供がたくさん死ぬ。そういうことで、鼠の社会がたちまち混乱破滅に陥って、目に見えて悪くなっていったそうであります。これは鼠ばかりでないので、兎でも鹿でも同様であります。

彼らを肉体的に見ますと、言い合わせたように副腎機能に障害を起こしておるそうです。これは大都市の人間でも同じことであります。ドクシアデスという世界的な都市研究の大家がありますが、この人なども同じことを、その専門の立場から実証しております。

世界を駆けるエリートは肝臓にご注意

それから、また一例を医学者から挙げますと、アメリカのロックフェラー医学研究所の碩学《せきがく》にルネ・デュボスという人があります。この人なども、我々の生活がこういうふうに過密都市化してきて、科学技術の発達による文明生活が、ここまで発展してくると、これは人間にとって幸福と言えるか、災いというべきか、実は非常に恐るべき問題であることを知らなければならないことを説いています。

たとえば、今日の文明は、地球から、世界から、距離というものをなくした。時間というものを無視するようになった。ところが、人間の体というものは、非常に複雑微妙な順応調節機能から成り立っておる。この調節順応の機能が円滑に行われなければ、悪い機械と同じことで、じきに破滅するわけです。

仮に東京を朝出発してジャカルタに行った。緯度や経度を無視して、その土地の珍しい飲み物や食い物をエンジョイする。人間の身体は現地へ行っておっても、内部の順応はできてない。場所はジャカルタでありニューヨークであるが、その人の体はまだ東京の体である。そして人間というものは、いろいろ生理学者や医学者、その他専門家が立証しておるのですけれども、飲み食いというものは、なるべく住み慣れた土地にできる季節のものを摂るのが、いちばん妥当かつ合理的だそうであります。緯度や経度、距離や季節の変わったものは、やはり我々の生理機能を違和に陥れる。つまり調和を破壊する。

まずやられるのは肝臓だそうであります。珍しもの食い、初もの食いなんていう人に肝臓患者が確かに多い。ところが、今や文明国民の、しかもエリート階級、つまり、皆さんのような階級ほど、どうかすると、それが誇りであって、かつ楽しみである。これは自分の体、自分の機能、したがって自分の心理、そういうものを混乱に陥れることにほかならないのです。

この調子でいくと、文明を謳歌している間に文明民族というもの、その文明民族のエリートほど、次第に凋落《ちょうらく》する。はたして人間は、この現代文明の急速な進歩と変化とに順応していけるかどうか。実は、いけそうにないということを警告しておるのであります。

今頃、面白いのは、哲学より科学、特に医学だとか、生物学だとか、生化学だとかいう分野の方からの新しい研究が、東洋古来の思想・学問を新しく解明立証するようなことが多いのです。その意味において、子供の時から漢学で育ちました私は非常な感興を覚えておりまして、漢学の注釈書よりは、そういう方面の解説を読む方に新たな参考を得て、それを楽しんでおります。

たとえば、先ほどのホール教授でありますとか、建築大家のドクシアデスだとか、あるいは生化学者のカレルやデュボスというような人々が発表している警告が、これは外国のことではなくて、本当に我々のことでございます。そこで、我々は、よほど注意して自分で自分を治めませんと、この文明を享楽しながら、いつの間にか皆、破滅していくということになりますので、「養生と養心」などという題でお話しを申し上げようと思った所以《ゆえん》であります。

生を養わんとする心を養う

もう今日の学問では、「物と心」というような区別はなくなっております。「物心一如」であることが、あらゆる学問の分野から立証されております。精神身体医学などというものも発達しまして、〝我々の生を養うということは、そのままに心を養うことである〟ということも深い興味をそそるものがございます。

鹿だの兎だの鼠などの研究をしても、少し過密都市的生活をさせますと、たとえば副腎機能に障害を生ずる。副腎機能に障害を生じたら気力を失ってしまいます。ナポレオンも、それだからだめになったといわれております。それでナポレオンは戦争に負けたんだけど、戦争に負ける前に副腎を壊しておった。それでナポレオンがすっかりナポレオンの面目を失って、機動性もなくなり、計画性もなくなり、エネルギーを失っておった。彼はいつ寝るんだろうと言われるぐらいに精力旺盛であったが、体が変調になると、暇があればこくりこくり眠っておるというふうになって、とうとう負けてしまったのであります。（安岡著『運命を創る』二三四頁参照）

野生の動物でもそうですから、人間は特に影響が大きいのであります。皆さんのような大きな仕事をしておられる方々は、最もこれを警戒しなければならんわけであります。そのデリケートな実例を、先ほど若干申しました学者たちの教えておることでご紹介いたします。

これは私もいささか実行しておることであります。私は朝起きると、あるいは夜寝る前、必ず「真向法《まっこうほう》」という柔軟体操をやるのであります。これは全身の組織機構のアンバランスを調節する最も簡にして要を得た体操であります。その真向法をやります前に、正坐して、まず喉《のど》を、甲状腺をよく摩擦するのです。この甲状腺からサイロキシンというホルモンが分泌されるのであります。

このサイロキシンというものは、人間の知性とか、美の感覚、それから道徳的、宗教的な善や聖の感覚といったような、我々にとって一番高等な機能に役に立つもののようです。これを分泌しなくなると、善も聖も美も知も衰えるそうです。そうなっては自殺でありますから、朝起きて坐ると、まず甲状腺を愛撫、摩擦してやります。

その次には、後頭部を柔らかく軽く叩くのです。この後頭部からはサイロキシンとはまた別のホルモン、プロラクチンを分泌する所であります。このプロラクチンは母性本能、ものを愛したり育てたりする作用・機能を促進するものでありまして、雌鼠にこれを注射してやりますと、がぜんとして母性本能・愛他本能を復活するそうです。百会《え》という頭頂も軽く刺激します。これをやると、脱肛が治るくらい利きます。足裏の土踏まず、足の指、手の指、掌などを暇があればよく揉みます。その作用、効果は学理的にもよく解明されておることです。

仮に動物に与える飼料から、完全にマンガンというものを取り去りますと、だめになるそうであります。またヨードを取っても同様です。年を取るとヨードを含んだもの、つまり昆布とか若布《わかめ》とかいうものを欲するのも自然の理です。昔の人々はちゃんと実行しておるのですが、ただそういうふうに解明ができなかったものですから、迷信と考えたり、無意味とされたりしていたのであります。新しく調べてみますと、古人は長い歴史的生活体験によって、実によく真理を体得しておったことがわかります。

英国のクレーブス教授がノーベル賞をもらって注目された「クエン酸サイクルの理論」を簡単に、最も有効に体現しておるものは梅干しであります。梅干しというものを、昔から我々は、お祖父さんやお祖母さんによって、朝起きたら必ず番茶に入れてこれを食べさせられたものであります。私どもは子供の時は辟易《へきえき》したのでありますが、やってみると、だんだん習慣になって、なくてはならんものになります。

この梅干しはクエン酸サイクル、一種の循環作用で、酸に遇《あ》えばこれをアルカリ化し、アルカリに遇えばこれを酸との中和性にもっていく、実に有難いものであります。だから、私は朝食前に必ず梅干し番茶をやります。人間の体は、血液反応のP・H理論でよく知られておる通り、弱アルカリにしておくことが肝要ですが、それには梅干しこそ大恩物です。

我々は皆、現代都市文明の研究家が恐れをなしております災害を、少なからず自力で容易に解消していくこともできるわけであります。

天人一体観――人間は最も偉大な自然である

西洋の思想学問は、特殊なものを除いて通例、「自然」と「人間」を分けて考えておりました。はなはだしきに至ると、この文明の発達を、〝人間が自然を征服することである〟と考えておりました。今やそういうことを言う者があるとすると、これはよほど文明から遅れた人種でありまして、学界の権威者は、もうそういう考えの根本的に間違っておることを、それぞれの立場から皆、立証しております。

しかるに東洋の方では、自然と人間を一貫して考えておりまして、別ものとは思っておりません。というよりは、むしろ自然の中から発達してきた最も偉大な貴重な自然が人間であるという考え方、これを東洋では「天人一体観」と申します。

これをヨーロッパに戻しますと、たとえば、誰知らぬ者のないアインシュタインを半円とすると、合わせて一円になる他の半円は、タイヤール・ド・シャルダンだといわれます。古代生物学、地質学等のオーソリティで、東洋研究家でもあります。そしてまた、天主教の司祭でもあります。

この人などは、まったく東洋の「天人一体」を、その西洋学的立場から唱導しておりまして、『現象としての人間』という名著もございますが、この人に言わせると、この宇宙の中から地球が造られ、最初は水と水蒸気の雲霧濛々たる時代であった。即ちatmosphereまたhydrosphereであったが、それからだんだん無機物の世界geosphereとなり、そこから有機物世界biosphereが発展してきた。その有機的生命世界から、次第に高等生物、ついに人間というNoosphere――ノースNoosというのはギリシャ語で、心という意味であります――ノースフィヤー、心の世界、つまり宇宙発展史上に人間を位置せしめておる。自然と人間とを一貫過程においておるわけであります。これは、まったく東洋流の考え方と一致しております。（タイヤールとその思想について、一〇五頁参照）

そして、人間というのは、そういう進化過程に一番遅れて出てきたものである。非常に早く特殊化した、「えび」とか「かに」とかいうものは、進化過程に早く分かれてしまった〝スペシャリスト〟だが、これに反して大器晩成の最たるものが、まさに人間でありまして、長い生物の進化過程を、悠々と歩んで、一番晩成したもの、こういうものを〝ゼネラリスト〟と申します。

人間でも、あまり早くスペシャリストになってはいかん。なるべく素朴に、純真に、大器晩成を考えていった方がいいということは、こういう進化過程を見てもわかるのであります。

トインビーが応用した「陰陽相待性理法」

〝養生は養心〟という理法を東洋で一番よく説いておるのは、「陰陽相待性理法」というものであります。〝陰陽の理論〟なんていうと、今までの思想家・学者らは、なにか東洋の素朴な迷信のように思っておったのですが、最近はそれを逆に西洋の方から盛んに研究されてまいっております。

皆さんのよくご承知なのでは、名高いトインビーという世界の歴史学のオーソリティがその一人であります。この人の『歴史の研究』という大著は、必ずしも彼の独創的研究ではありません。第一次大戦の後に世界を震撼させた、シュペングラーという人の「Der Untergang des Abendlandes」(『西洋の没落』)という本があります。その内容は「世界の歴史は即ち文明の没落史である。いま世界を支配しておる西洋文明もこの歴史の法則から免れないもので、いま威張っておるけれども、わがヨーロッパ文明というものも、すでに黄昏《たそがれ》なのだ」というもので、これはヨーロッパ人、アメリカ人にえらいセンセーションを起こしました。

それは人間の理法ですから、誰が研究しても同じようなものであるべきです。ただトインビーとしては、シュペングラーの結論には堪えられなかったのです。

トインビーは、なんとかシュペングラーの結論から活路を開きたい、いわゆる死中活を得たいと思ったが、どうにもその結論が出ない。救われない。そして苦しんで模索しておるときに、ふっと発見したのが東洋の「易」という学問であります。「易」は「陰陽相待性理論」でありまして、これは、きわまるところを知らぬ偉大なる循環の学問であります。陰陽相待は、〝相対〟すると同時に〝相俟《あいま》つ〟という〝待〟であります。これによって彼は、東洋流で言うと、豁然《かつぜん》として開けたのです。

そういう訳で、どうも日本人は、自分が先祖から歴史的に与えられておる偉大な思想や学問を、ほとんど捨てて顧みない。戦後、特にはなはだしいのであります。外国人から言われるとびっくりして、そんなものがあったのか、と改めて見直す。こういう傾向が非常に強い。

そこで陰陽相待性理論というものを、皆さんが少し勉強してものにされると、この窮境、危険区域を脱出するのに非常に役に立つのであります。

これをきわめて簡単に申しますと、この創造の世界、造化の世界は、「陰」と「陽」との相俟つ力によって営まれておる。これは草木をご覧になるとすぐわかります。草木には、根があって、そこに一つの全体的・含蓄的な生命力があります。

これが外へ発動すると、芽を出し、幹を伸ばし、幹から大枝、小枝を分かち、それに葉がつき花が開くというふうに活動し、分化して繁茂する。これは「陽」の働きであります。これがなければ活動だの発展だのということはない。美しい花を開き、うまい実を成らせるということもないわけでありますが、これは不思議な生の理論でありまして、活動ですから同時に必ず疲労があるわけです。それから分化であるから分裂になる。そして繁茂というものは、やがて末梢化するから、生命の力がか細くなり、繁茂して枯れ散るのです。

そこで、実在は必ず発動・発展に対して含蓄する。内に潜《ひそ》め蔵する。潜蔵する。含蓄する。分化に対して統一する。こういう統一・含蓄の働きを持つ——これが「陰」であります。この統一、含蓄の「陰」の働きと、活動、発展、分化の「陽」の働きとがしっくりいけば、そこにたえざる創造が行われる、つまり健康があり、真の発達があるわけです。

この陰陽相待の力をどう中和していくか。陽の方へ片寄ると、すぐ混乱破滅になる。その一番いい代表が、この近代都市です。陰の方に傾いてしまうと、これは統一・含蓄ですから、固まってしまう。悪《わる》がたまりになってしまうわけです。そこで、これを調和させる。

理知は酸性（陽）、感情はアルカリ性（陰）

体でいうと、酸性、酸化するのは「陽」の働きであります。アルカリ化は「陰」の働きであります。人間の健康でいうと、一例としてケミカルにいうと、酸とアルカリとの中和を考えていけば、中道であります。

「中」というのは常識的な意味の「真ん中」という意味ではなくて、陰陽が相和して、そして活発な創造に進むことを「中」というのです。

日本人ぐらい難しい用語を平気で使いこなしている民族はどこにもありません。この「中」なんかでもそうでありまして、この世の中で、即ち現実世界で、どうしても添えないという男女が、死んで天国に生きるとか結ばれるということを「心中」と言います。あれを「情死」と書いてやったのでは救いがない。「心中す」と書いてやるので、嬉しい意義があるのです。あれは、よほどわかる人がつくってやったに相違ない。

我々は始終、酸とアルカリとの中和を考えていけばよいのです。活動すると、どうしても酸化しますから疲労する。そこでこれを制止する。

世に働く人ほど、静かな、内に貯える外に乱されない平和の、それこそ都市学でいうバイオトープ biotope 生活領域を持たねばならない。それで、主人ならば書斎、奥さんならば奥の間、誰にも乱されない、そういう領分を持たなければいかん。しょっちゅうごったな生活をしておると、鹿や兎や鼠などと同じ結果に陥るわけです。

それから、我々の精神活動で申しますと、人間のいろいろの知能の中で、概念的論理的思惟《しい》なんていうものは、どちらかというと酸性のものです。だから人間があまり理窟に走ると、人間は分裂して荒《すさ》んでしまう。これを救うアルカリ性、陰性のものは、つまり感情であります。人間が感情を豊かに養いますと、知性からくる分裂、破滅を救うことができるのです。

どちらかというと、人間の体は弱アルカリがいいのですが、あんまりアルカリ化すると、アルカロージスという病気になります。酸化するとアチドージスという病気になる。弱アルカリがよいのです。ですから、食物なども腹八分目と言う通り、食い過ぎるということはいかんので、腹八分目、弱アルカリにしておくのが、飲食上の養生上の「養心」です。「生を養わんとする心を養う」わけです。

理知と感情という点から言いますと、人間はどっちかというと、理窟っぽいよりは、やや情の発達した方がよいのです。有情の人の方が本当の人間です。あんまり感情に走ると、これはまた分化してしまうので、いけませんが。

それから、人間の欲、あるいは覇気、こういうものは酸性のものです。それに対する反省というものは、陰性、アルカリ性のものです。人間は大いにアンビシャスであるのがいいのですけれども、アンビシャスな人ほど、したがって内省的である必要がある。どっちかといえば、反省する方が強いという人の方が、人格としては上であります。

そういうことはいくらでも言えるわけですが、感情でも非常に激情的なよりは、優情といってアルカリ性で、自分に省みる、たしなみ、抑えのきく感情の力のことを情操というのですが、この方が少し勝っておらねばいけない。ヒステリックになってはだめであります。

そこで、人間には男女という、ちゃんと見本があるわけです。弱アルカリがいいのですから、男女の家庭生活で言いますと、どちらかといえば、少し嬶《かか》ァ天下の方が家庭生活は合理的なのです。あまり嬶ァ天下になると、これはもちろんいけませんが、亭主関白もだめでして、家庭ではいくらか奥さんが威張っているという方が、奥さんの意見を尊重してやるという方がよいのでありまして、家は平和であります。

男の特徴というものは、体格も優れ、そしてアンビシャスで、知能、才能などが発達している。即ち頭がいい、きびきび活動する、なんていうのは男らしいという印象を与えますが、しからば、体躯堂々として、非常に野心的で、理知的であり、才能があって、理窟がたつ、なんていう婦人は女らしいと感ずるかというと、これはそう感じない。「偉い女だな」と思うけれども、「女房には御免」と思うわけです。その反対に、いくらか内気、いくらか引込み思案で、アンビションよりはもっと内省的であるという婦人が一般的に女房としては好ましい。

ですから、家庭の夫婦でいえば、そういう陰陽が夫と妻との間に、しっくり調和しておるとよろしい。そして、どちらかといえば弱アルカリというふうに、つまり、いくらか女房を家庭では立てる。外では亭主が威張る、代表する。こういけば合理的です。

この理法を当てはめていきますと、大体一切のことが解決つくのであります。ただ、その応用が難しいですけれども、大体これでものは片づいてまいります。トインビーじゃありませんが、これは真理であります。

そういう意味で、現代はどうなっておるかと言いますと、万事あまりに酸化しているわけであります。「酸」という字は「いたむ」と読みます。心酸と書いて「心いたむ」と読みます。酸は破壊性でありますから。

今は、あらゆる意味において理論化、機械化、現実的には都市化。それがもう世界都市化しまして、非常に雑然紛然として、ノルウェー鼠じゃありませんが、凶暴になって、性的頽廃がひどく、濫交も行われ、弱い者はだんだん萎縮してしまい、非常に混乱している。そういう生活をさせますと、動物はばたばた死ぬようであります。少なくとも精神異常、心理異常を呈するもので、兎や鼠なんかの中には集団自殺するものがあるそうです。

この頃〝蒸発〟だとか〝自殺〟だとかいうのが非常にふえました。どうもエドワード・ホール教授が、去年の春、専門家を集めた席で断定したことを、我々がこの東京において参考せざるを得ません。こうなってまいりますと、皆さんのようなエリート階級がしっかりしてくださらないと、日本もついにだめだったかとThe Decline and Fall of Japanese Empireなんていうことになってはたいへんであります。それで「養生と養心」という題に託して、最近の世界の最も新しい、最も真剣な悩みと議論を概略ご紹介申し上げたようなわけであります。

「敏忙」健康法

敏忙のすすめ

病気と貧乏とは人間の一番いやな悩みであります。病人は貧乏しても病気は治りたいと思いますが、幸いに丈夫な貧乏人には「四百四病のその中で、貧ほどつらいものはない」のであります。まして貧病相重なるにおいては、これほど悲惨なものはありません。貧と病とはどうしても、なんとかして文明が人類より絶滅せねばならぬものでありますが、それよりも、各人みずからがこれらを退治せねばならぬことは申すまでもありません。

先日友人の手紙に、「小生この年頃の貧乏の結果、余り貧忙なるため、いささか貧呆となりまして……」と洒落《しゃれ》てまいりました。文字を駆使する面白さはしばらく措《お》きまして、この友人は私が平生、貧乏―貧忙―貧呆―に対して「敏忙」主義を提唱しているのを聞きつけて、大いに共鳴してまいったのであります。

貧しく乏しいのも、心身が剛健であればまあよいとして、貧しくてそのために呆《ぼ》けるに至っては、こんな憐れなことはありません。それよりも、忙しく立ち働くことは、貧しくともまた快いことで、とにかくまだ良いことであります。

忙しいということは、それだけでは善いことではありません。忙しいと落着きがないままに、精神の統一や集中が失われて、どうしても粗雑になり、霊感も霊能も働かず、人に対しても仕事に対しても不都合が多くなります。それがはなはだしくなると、義理人情を欠くばかりか、しまいには自己をも喪失するようになります。そこで何かに心を打ち込んで仕事をしたい人、心を自由に遊ばせる余裕を欲しい人は「閑」を愛します。しかし、忙しい時は閑を欲しますが、その実、案外閑というものは曲者《くせもの》で、閑をもてあましたり、閑で失敗する者が多いのであります。

人間の本領は活動にありますから、休止はその活動に疲れた時の要求であり、疲労の癒えた後の休止は無意味であり、不快となり、苦痛となり、また活動を欲するものでありま す。閑は多くの場合、仕事のないことであり、世間的活動の休止状態でありますから、何か世間の雑事に妨げられてはならぬ仕事や、自己だけで足りる、あるいは自己だけに限る内面生活を豊かに送っている人でなければ、閑は、とうてい長く堪えられぬものでありま す。内面生活を持たぬ人、つまり自己の空虚な人、世間に妨げられずにせねばならぬような仕事を持たぬ人ほど、閑はむしろ苦痛であります。

四耐

四耐という格言があります。

「冷に耐え、苦に耐え、煩（あるいはまた労とす）に耐え、閑に耐う」

の四事を言うのでありますが、最後の「耐閑」が一番言いたいところでしょう。なかなか閑には耐えられないもので、閑になると容易に呆《ぼ》けだしたり、そうでないと、ウロウロ何かすることを探しだして、その結果は、多く「小人閑居して不善を為す」に陥ってしまうものであります。その点から申しますと、むしろ忙の方が良いので、小人ほど忙しくしている方が過ちがありません。健康にもよろしい。私心私欲や浮世の汚れた問題ではない事に忙しくする、いわゆる「清忙」などさらに好いことであります。

よく閑に耐え、閑に安じ、閑を楽しみ、閑を活かすような人は、よほど偉い人であります。私どもは忙しくしていれば、まず誤りは少ないでしょう。

とは言うものの、要するに世間のつまらぬことに追い回されて、とりとめもなく無意味に忙しく、始終疲れたり荒《すさ》んだりして過ごすことは、実にばかばかしいことで、徳を損ずるものです。清末の偉人・曾國藩《そうこくはん》も「世事日紛、徳慧日損（世事、日に紛〈ごたつくこと〉、徳慧、日に損ず）」とその日記に歎じているのは同感に堪えません。しかも「貧忙」では、ますます不快なことです。

そこで私は、常に貧など問題にしないで、「敏」ならんことを心がけておるのであります。

敏といえば、人は簡単に、「すばしっこいこと」、「機転のきくこと」くらいに片づけてしまいますが、これは容易ならぬたいせつな問題なのであります。人間は利害、特に目先の欲にかけては、それこそすばしっこい者が多いでしょうが、自分を大成するのに役立つ貴重な問題を捕えたり、自分に潜在しているたいせつな能力を発揮する段になると、案外鈍なものであります。

朝起きて新聞を見ても、決まりきったニュースや、珍しくもないスキャンダルや、株の上がり下がり、人気者の評判記などは目敏く注意するくせに、もっと人間的にたいせつな記事などはまるで気がつかない。映画はまめに見に行くが、親の顔はめったに見に行かない。つまらぬ「問題の小説」は買いに回るが、良書を教えてもなかなか買いに行く暇がない。愚劣なことには頭も体もよく働かせるが、貴重なことにはとんと怠慢なのが世の常であります。そうならないで、自分を善くするために、仕事のために、友人のために、世の中のために、出来るだけ気をつけよう、役に立とう、まめに尽くそうと心身を働かすことが「敏」の本義であります。

平たく言えば、いつも怠けたりぼんやりしないで、善い意味できびきびしていることでありります。その代わり世間のくだらぬことには、ずいぶん怠けるもよろしい。ぼんやりしているのも味があります。それは多少いわゆる損をするかもしれませんが、決して大損にはなりません。正直者が馬鹿を見る、とよく憤慨する人がありますが、そんな世の中はまことに善くないもので、少しでも改善しなければならぬことに相違はありませんが、本当の正直者なら、馬鹿なような目にあっても大して腹は立たぬものであります。別に損とも思わぬからであります。

孔子は、もちろん正直者で、だからずいぶん馬鹿をみたらしい。「迂だなあ」と弟子からも歎息されました。しかし孔子は自ら「敏」を以て任じていました。「自分は努力せずにすらすらと物事に通ずる者ではない。歴史上の模範を好んで、気をきかせ、努力してそうなろうとするものである」*と語っています。

＊子曰我非生而知之者。好古敏以求之者也〈子曰く、我は生まれながらにして之を知る者にあらず。古《いにし》えを好み、敏・以て之を求むる者なり〉（論語・述而）。この「生」の字を普通「生まれながらにして」と解釈しているが、そんなことではなく、右に述べたように解さねば意味をなさない。

弟子の子張が「仁」というものを問うた時、仁の内容をなす五件の一に、「敏則有功

〈敏なれば則ち功あり〉」（陽貨篇）、といって「敏であること」を挙げています。また衛《えい》の賢大夫の孔文子は「何故文と謂《い》われるか」という子貢の問いに対しても、「敏而好学〈敏にして学を好む〉」（公冶長篇）という点を力説しています。私どものような鈍物は、どうしても敏であるよう心がけねば何事もできません。よく敏忙であることが一番克《よ》く自己を善くし、健康を保つ所以であります。

濁世の五濁

貧乏や貧呆の次に病気というものをなくせねばならぬこと、健康の大切なことは言うまでもありませんが、それには栄養を摂るとか、適宜の運動をするとか、医薬を吟味するとか、採光、通風、転地等々は、ここでの問題ではありません。私はまずこの濁世《じょくせ》に当たって、

「自己の内外を清浄にすること」

を挙げたいのであります。濁世とは仏教用語でありますが、今日、事に触れてこの言葉の実感に打たれたることがしばしばであります。

濁世に「五濁《じょく》」ということが説かれております。

その一は「劫濁《ごうじょく》」です。時代そのものの汚濁であります。この時代に生まれ合わせた

人間は自然汚濁に染まざるを得ません。即ち「有情濁」あるいは「衆生濁」というものです。この汚れた民衆は古代純朴の人間のように自然の長命ができず、どうしても生命を汚濁し寿命を縮めます。これを「命濁」とか「寿濁」と申します。

この民衆はさまざまの煩悩《ぼんのう》に付きまとわれます。これを「煩悩濁」といって、まず「貪欲」であります。現代人の飽くなき利己的欲望は、確かに人間を恐るべき闘争と破滅に駆り立てているではありませんか。したがって「瞋恚《じんい》」が盛んであります。目に角立てて怒るのが瞋恚ですが、おおよそ、この怒り、特に私憤ほど健康を害《そこな》うものはありません。血液に与える悪影響はもちろんのこと、最近の科学は恐ろしいまでに感に堪えぬことを実証しています。

たとえば、A・ラガス氏の説によりますと、精神と物質との間には神秘な相関作用が行われており、肉体に対する感情の反応なども物質化して証明することができるというのです。ワシントンの心理学者E・ゲイツ博士は感情が肉体に及ぼす力、精神状態によって惹起される化学的変化を実験によって明らかにしました。平静な人と怒った人とでは汗の性質が異なり、怒ると汗が酸性を帯びるそうで、ゲイツ博士は発汗の化学的分析から感情の表を作り上げました。またあらゆる精神状態はそれぞれ腺や内臓の活動に化学的変化を生じ、これによって作り出された異物を呼吸や発汗によって体外に排出することを証明しました。

液体空気（圧力を緩めて蒸発させると零下二一七度まで下がる）で冷却したガラス管の中に息を吐き込むと、息の中の揮発性物質が固まって無色に近い液体になり、その人が怒っていると、数分後に栗色の滓《かす》が残る。この滓を天竺鼠に注射すると、たちまち神経過敏になり、激しい嫌悪の情に駆られている人物の呼吸滓ならば、数分で死んでしまう。一時間の嫌悪は八十人を殺すに足る毒素を出し、この毒素は、従来の科学で判明している最強の猛毒で、これが体内に鬱積して、結局、悪感情はその人自身を自殺に導くものであるといいます。

幕末土佐の篤学・谷秦山《たにしんざん》は、「人不善を積むこと多くして心神鬱悸す（心の奥の方がふさがりおびえること）。医家知らずして却って草根樹皮を以て之を治せんと欲するも難《かた》い哉《かな》。只当《まさ》に己れに反《かえ》り、過《あやまち》を改め、倫理を正し、恩義を厚くすべし。此の如くんば乃ち薬なくして喜びあり」と言っておりますが、まったくその通りなのであります。

瞋の外にまた「痴」があります。貪欲や瞋恚に目が眩《くら》んで理性を失った情態であります。この貪《とん》・瞋・痴を三毒と申します。なお、これに「慢」と「疑」とを加えて「五煩悩」とも「五濁」とも「五鈍使」ともいわれています。

こういう煩悩濁の上にさらに「見濁」というものが挙げられます。もともと煩悩濁の一種と言えるのですが、後世、理知の発達するにつれて、かえって厄介になったもので、特に五濁の一にまで独立させられたものであります。

見濁にもまた五見を挙げてあります。一は「身見（我見）」といって、何でも自分本位に考えて、己れを空しうして思いやることのできない利己主義的、本能主義的な考え方です。次は「辺見（偏見）」というもの。すべて物には多面があり、また全体として在る点も考えねばなりません。しかるに人は自分勝手な立場から物の一辺一面のみを抽象して、それですべてを断定しようとしがちです。人間は猴《さる》の親戚だ、女は魔物だ、日本は侵略国家だ、ブルは民衆の敵だ、……というふうに何でもあっさり一辺倒してしまいやすいが、これほど浅薄で、また危険なことはありません。

次は「邪見」であります。何でもありのままに正しく観察することができず、因果の理法を究明せず、すべて否定的破壊的に考えるのがこれです。それから「見取見《けんしゅけん》」。見取の取は別に取るという意味の字ではなく、見という動詞に伴う助字にすぎません。これはなまじ理論に捕われた考え方、真の価値を顛倒した考え方のことです。

最後に「戒禁取見」。これは真の因でもないものを因とし、道でないものを道として固執する頑迷な考え方、ああしてはいかん、こうしてはいかんと、いたずらにタブーを立てるものです。ファッショやナチやボルシェヴィークを考えても、当世いかにこの見濁がひどいか、感に堪えないではありませんか。

十纏

経には、また人間の心を支配する十纏《てん》（十種のからみまとうもの）を列挙しています。

一　無慚《むざん》。諸々《もろもろ》の功徳を顧みずして恥じぬこと
二　無愧《むき》。諸々の罪悪を恥じぬこと
三　嫉み。
四　慳《けん》。心のかだましいこと
五　悔い。
六　睡眠。良心の眠っていること
七　掉挙《じょうこ》。心散乱して落ち着かぬこと
八　惛沈《こんちん》。悪法に捕えられて覚らぬこと
九　忿《いか》り。
十　覆《ふう》。悪を掩うこと

世にいう「百八煩悩」とは、こういう心理を精細に観察列挙したものですが、煩わしいから説きますまい。すべてこういう煩悩に捕われていては、せっかく我々に賦与されている潜在能力も、ついにその力を発揮できずに空しく終わり、あるいはとんだ非命に陥らね

ばなりません。

我々の目は善く修練すれば二万通りも色を見分けられ、鼻は七千通り以上も香を嗅ぎ分けられるといいます。まして心眼を養えば肉眼のような不自由なものではなく、五眼といって、肉眼以上に天眼あり、慧眼あり、法眼あり、仏眼あり、香にも戒香、定香、慧香、解脱香、解脱知見香というような五種妙香を嗅ぐことができるのであります。

要は、汚濁を去って清浄にすることです。それほど深理を観ぜずとも、試みに始終手を洗い、物を食べた後は必ず口を洗い、朝晩に目を洗い、（鼻も耳も洗えばよろしいが、これはちょっと面倒です）、糞便の後の肛門を洗って清浄を保つだけでも、滅多に病気になるものではありません。身も心も家庭も交際も清浄にすることができれば、実際どんなに健康が善くなり、おそらく貧呆など絶対に起こらないでしょう。

熟睡と安眠

活動して始めて休息は楽しく、忙しくて始めて閑は尊いことは言うまでもありません。敏忙に伴うべき健康条件にも熟睡と安眠とがあります。熟睡とは深く眠ることであり、安眠とは安らかに眠ることで、必ずしも同一ではありません。疲労すれば不安のうちにも熟睡することはあります。ここに言う安眠は、また寝心地の好い夜具を使うとか、枕を科学的に用いるというような物質的方法（それもできる人は大いにやるがよろしい）ではなく、精神的心理学的意味の安を意味します。

人間はいつも不慮の災難の勃発を恐れますが、案外、平生心中に抱く不安や煩悶に対してはそれほど警戒せず、どうかすると、特に哲学・文学や芸術等を愛好して、自ら文化人を以て任じたり、始終煩悶を持っていらいらしたり憂鬱でいたり、アドルムやヒロポンを使って、独り深刻がって、内心得意でいるような面々もありまして、なし崩しに自殺しておるのであります。突然勃発する災難による衝撃よりも、実はこういう不断の不安、煩悩、苦悩の方が人体に及ぼす悪影響は大きいことを医学者は証明しております。

人体の抵抗力はショックを受けた当初はグンと下降しますが、間もなく徐々に反撃を開始し、相当強靱な布陣を行って抗争します。H・セリー博士によれば、その軍司令官は副腎だそうです。ところが、その攻撃力が長期にわたりますと、さすがの副腎も弱って各部隊への補給も続かなくなり、腎臓・心臓・胃腸など、どこか最も弱点のある方面から崩壊が始まります。病的文明は、かくして文明人にその医学や治療の進歩を以てして難病や慢性的疾患を増大する理由はここにあるのであります。そこで我々は精神の平和と安立を保って安眠せねばなりません。安眠できれば、わずかな時間の熟睡で十分活動できるのであります。

寝るばかりが休養ではなく、静坐もまた古人が「坐禅は安楽法門なり」と言っているように、立派な休養態勢であります。もちろん静坐も正しく法の通りにせねばなりません。適当時間の静坐の科学的意味と効果は深甚なものがあるのであります。

それから飲食を慎むことです。これについても「敏」であることを心がけねばなりません。飲食に関する科学者の勝れた見解や勧告は、注意すれば限りもありません。しかし人々は、ただむやみにうまいものを牛飲馬食するだけで、一向にそういう衛生的意味に頭を働かさ（敏）ないのであります。朝な朝な梅干し番茶をちょっと服用する効果の偉大なことを聞いても（特異体質は別として）、酸っぱいとか面倒とか文句を言って、なかなか実行できなかったり、牛肉をたらふく食いながら酒を飲んだり、ビールを呷《あお》りながら豚カツを食うことのいかに有害なことかということを聞いても、容易に節制ができないで、空しく頭を悪くしたり、胃肝を傷《いた》めている人がどんなに多いことでしょう。何でも、正しい学問が実証した善いということを実行することに、我々はできるだけ敏でなければなりません。

かくして敏忙を楽しめば、健康はめきめき善くなり、孔子も明言している通り、「敏則有功」で、ずいぶん仕事もできるのです。そこに、どうして恥ずべき貧乏や貧呆がありましょうか。たとえ不可抗力による運命的貧乏は一時免れぬとしても、それはやがて立派に克服されるのであります。

流風余韻

安岡正篤先生を偲ぶ瓠堂忌《こどうき》（十一月二十二日、日本工業倶楽部）に、今年もまた『運命を創る』の姉妹篇を江湖に紹介できることは、嬉しいことである。

先生が亡くなられてから、あちこちで著書や講録が続々と刊行され、一種のブーム現象が生じている。しかも、読者には経営者や企業の部課長クラスが多く、若い層にまで読まれていると聞くと、「死せる孔明、生ける仲達を走らす」という『三国志』の故事が連想させられる。それはそれとして、これまで師友協会の同人や政財界の人たち以外にはあまり知られていなかった先生の講録が、弘く一般に読まれる機縁が作られたことは結構なことであり、また意義あることであると思う。

亡き先生は「よろず縁より起る」ので縁起という言葉が生まれた、としばしば説いておられるが、日頃、別して縁というものを重んじ、どんなに忙しいときでも、御縁のある親しい人から講義や講演を懇請されると、断りきれずに、なんとか予定をやりくりし、「枉《ま》げて人情に随って」（先生の好きな道元の言葉）講筵《こうえん》に臨まれることがしばしばであった。それだけに、長年にわたり各地でおこなわれた講演の記録は厖大な分量になるのである。

本書に収められた諸篇は、これらの中から改めて選択されたものである。

以下、各篇の講演の当時を振り返りつつ、身近で見聞きした巨人のプロフィルの一端を、エピソードなどを交えながら紹介して、解説に代えることにする。

「現代に生きる〝野狐禅〟——不昧因果の教え」（「師と友」昭和三十二年六月号より）

不昧因果ということから連想されるのは、いわゆる公害問題について示された卓見である。

公害問題がマスコミで取り上げられる何年も前から、先生は現代の工業文明がもたらす自然汚染についてしばしば警告しておられた。一例をあげると昭和四十四年の春、師友協会の機関誌「師と友」で〝文明の運命に関する未来学〟をテーマとして特輯するように指示された。その指示にもとづいて発行したのが「世の中はどうなるか―二十世紀末と内外諸家の説」と題する特輯号であった。

ところが、このあと昭和四十六年一月、ニクソン大統領が年頭教書で公害問題を取り上げて、全国民に一大警醒をうながし、アメリカ政府みずから真剣に公害問題に取り組むように大号令を出した。実は先生は、アメリカより先に、日本政府が公害問題を重要政策として打ち出すように、当時の佐藤首相の側近にたびたび力説したそうであるが、外国が問題視するまでは関心を示さない日本人の悪い癖で、あたらニクソンの後塵を拝する結果になってしまった。日本のマスコミが喧しく公害を論ずるようになったのは、このあとである。

「時務を識るは俊傑に在り」とは、『三国志』で名高い司馬徳操が諸葛孔明を評した言葉であるが、これなどは先生の先見性を示す一例である。ニクソン声明のあと、佐藤総理の側近は、先生の逸早《いち》い予見にいたく感心したそうである。

こうした先見の明は、若い頃から国家と民族の興亡盛衰を一筋に研究してこられた先生の学問的直観の当然であって、単なる占いとか予言といったようなものとは異質のものであった。それは、かくすればかくなるという因果応報の法則（不昧因果）に基づいた見識というべきものであろう。

「家康と康熙帝――守成の原理について」（周山会政調シリーズ5より）

これは佐藤栄作氏の政策グループ周山会に招かれて、代議士を対象に話されたものである。昭和三十年代のものと思われる。

この講演の翌朝、周山会の領袖の一人であった田中角栄氏が、白山御殿町の安岡家にお礼の挨拶に来た。その時の印象について先生からうかがった話である。

「朝早く、田中氏が講演のお礼にやってきてね、玄関先で〝昨日は大変すばらしいお話を有難うございました〟と丁重にお礼の口上を述べた。〝どうです、上がって行きませんか〟と言ったら、〝いやあ、ちょっと忙しいものですから〟とか何とか言って、そのままそそくさと帰って行ったが……」

打てば響くというか、機を失せず、早朝、自宅に挨拶に行くなど、いかにも行動的な田中氏らしい。

この田中角栄という人物について先生は、

「あの人は、とにかく自民党随一の腕利きだよ。仕事をやらせたら、誰も彼に敵《かな》うまい。ただ、あのままでは侍大将としてはよいが、床の間に坐るには、もっと本格の学問をしなければ……」

と言われたことを記憶している。こうしたことから察して、どうも田中さんは先生を敬遠していたのではないかと思われる節《ふし》がある。田中氏と親しい二、三の人が、先生と懇談して教えを受ける機会を作ろうとしたこともあったが、田中氏の方で敬遠したらしい形跡がある。

総理になってからは、師友会の同人で先生と親しい川島広守氏（田中内閣の官房副長官）を通じて機密に属する交渉があった。そのことは、師友会の常務理事で、長らく先生の秘書の役割を果してきた林繁之氏が「関西師友」に執筆している。

先生と佐藤栄作氏との関係は、岸・佐藤両兄弟の母方の叔父さんである池上作三医師と先生との縁による。池上氏は戦後は東京の板橋に開業していた風格豊かな大人で、戦前は白山の安岡家の近くに開業していて、先生の四人のお子さんはみな池上先生に診てもらったということである。栄作夫人の寛子さんは当時、池上家から女学校に通っていたという。その池上国手が甥の信介・栄作兄弟を引き合せたのがきっかけで、先生と両兄弟との交流が生まれたと聞いている。

こういう経緯《いきさつ》で、佐藤氏はつとめて先生の意見をうかがっていたようだが、総理になってからは激務のため思うように諮問《しもん》できないので、自分の代りに秘書官や内閣の総務課長や参事官などの側近が隔月に先生を招いては、一夕懇談する会を長く続けてきた。佐藤総理は側近の人に「僕は忙しくて出られないが、君たちは安岡先生と一緒に呑めていいなあ」と羨ましそうであったという。

「右手のなすところを左手に知らしめる勿れ」と聖書にあるが、壮年の頃の先生は、外で政界の要人と会ったりしても、事務局ではほとんどそういう話はされなかった。よく評論家などが「総理に与える公開状」などと名指しで雑誌などに掲載するが、先生はこういうやり方はされなかった。かつて、こう言われたことがある。

「僕は政治家に意見があるときは、相手が僕の意見を聞く意思があるかどうかを確かめて、電話や手紙か、あるいはどこかで会って話すことにしている。よく〝俺がこう言ってやった、ああ言ってやった〟と誇らしげに語る論客がいるが、あれは一種の虚栄だ。そういうことでは、相手もなかなか聞かない。本当の忠告というものは、人知れず進言するのが一番真実であり、礼儀だ」

ずっと以前に若い人たちの集いで、中の一人が「先生はなぜ政界に出馬して、年来の経綸を実行されないのですか」と質問した。そのとき先生はこう答えている。

「私が代議士になろうとすれば、票を集めてくれる同志は何人もいる。しかし、たとえ代議士になっても、今の仕組みでは何百票の中の一票にすぎない。それよりも、たとえば私が素心会のような会合に出れば、派閥や利害を超越して誰もが集まってくれる。それは、私に政治的な野心がないからだ。だが、私が現実に代議士になってしまえば、そうはいかないだろう。だから、今のままの方が、一代議士や一大臣になるよりも影響が大きいし、天下国家の役に立つと思う」

こう言って、『列子』に出てくる「鴎《かもめ》と少年」の話をされた――

鴎好きの少年が、毎朝海辺で鴎と無心に戯れていた。彼が海辺に出ると、いつも何百羽という鴎が群がり集まった。ある日、少年の父親が言うには、「鴎がたいそうお前になついているようだが、一つお父さんに鴎を生け捕ってきてくれないか」。……翌日少年は海に行った。ところが、今度は一羽も舞い降りてこなかった。――これは「無心」というものの徳を説いた含蓄の深い寓話である。

「漢字のマネー哲学――金を負《たの》む者は負《ま》ける」（「師と友」昭和五十二年七月号）

先生の講義は、肝腎な問題については、文字や言葉のもつ本来の意義から説き起されるのを常としたが、その説文《せつもん》解字の講釈は、先生独自の哲学と渾然《こんぜん》として融合したもので、趣味津々として聴く者を惹きつける魅力があり、しかも分りやすくて、なるほどと首肯させるものであった。

かねがね七十歳をすぎたら隠退して、好きなものを読んだり書いたりしたい。そして、全国に拡がった師友協会の機構を縮小し、「東洋思想研究所」あるいは「師友文庫」と改めて、心のままに学問の王国を逍遥し、後世に遺す著述に専念したい――と口癖のように話しておられた。しかし、所詮《しょせん》「内外の時局の要請は厳しいいし、各地の同人も僕の隠退を承知してくれるまい」と洩らされたことがあった。

晩年はよく「学記」の中にある「四焉《しえん》――焉《これ》を蔵し、焉を修め、焉を息《いき》し、焉に遊ぶ」境地を説かれたものであるが、とうとうその願いが果されることはなかった。もし、いつの日か、いわゆる万縁を放擲《ほうてき》し、十分な閑暇に恵まれて、説文解字の学を系統的に述作されたなら、それこそ楽しい画期的な傑作をものされたであろうにと、今更のように惜しまれるのである。

「〝人間〟を創る――親と師は何をなすべきか」（「師と友」昭和三十五年四月号）

「父親はどうあるべきか――細川幽斎と西園寺公望」（「師と友」昭和四十八年七月号）

いずれも戦前・戦後を通じ、一貫して説き続けてこられた文明観・人間教育論であって、安岡教学の骨髄ともいうべきものであろう。ことに「父親はどうあるべきか」は、家庭教育における「敬の対象」たるべき父親の役割を強調している。それは、時代を超えて渝《かわ》らぬ定説であり、世の父親族に読ませたい確論である。

「道徳の美学」（「師と友」昭和三十九年十月号より）

全国師友協会では毎年七月に青年研修会を、八月には教師を主体とした師道研修会を、日光の田母沢会館（旧御用邸跡）で実施してきた。

昭和三十九年の第五回師道研修会では三日目の夜、「道徳教育、愛国心、教員養成」をテーマとする意見発表と、それに基づく討論が行われ、文字通り百花斉放であった。そしてほぼ意見が出尽して、最後に先生が述べられた総括的な講評のさわりがこの篇である。長時間にわたり散々に討議が続けられ、なかなか結論に至らなかった。そのモヤモヤした疑団の核心を衝《つ》いて、一同あたかも胸のつかえが一時にとれた思いをしたのであった。

君子というものは、日頃の内面的涵養が「睟《すい》然として面《おもて》に見《あら》われ、背《せ》に盎《あふ》れる」ことを理想とする、と孟子も述べているが、先生は常づね学問というものが観念に走り、実生活から遊離することを戒め、学んだことが incarnate（血肉化）され、embody（体現）されるようでなければ本物でないと説かれた。修身という言葉も、とかく「心を修める」ことばかり強調されて、「身を修める」ことが等閑にされた嫌いがある。日本には躾《しつけ》——「身を美しくする」というよい言葉がある。

その点、先生の立居振舞は美しかった。姿勢といい、声といい、歩く姿から酒の呑みっ振りに至るまで、その何気ない仕草に、えもいわれぬスマートさがあった。こうした男の美学というか、東洋的ダンディズムというか、その人間的魅力に多くの人々が惹《ひ》かれたのであろう。

「東洋哲学からみた宗教と道徳」（「師と友」昭和四十一年十月号）

本篇も昭和四十一年八月、日光での第七回師道研修会の一夜、宗教と教育をテーマとする討論会における講評の眼目である。いつものことだが、この夜の討論会も甲論乙駁、議論百出して、会場は異様な熱気に包まれ、議論は堂々めぐりしてきりがつかなかった。結局、最後に先生が皆の意見を綜合して、快刀乱麻を断つという譬《たと》えそのままに、肝腎要《かなめ》のツボを衝いて、一同の渇を癒して下さった感が一入《ひとしお》であった。とにかく宗教と道徳、敬と恥の関係を説くことにかけては先生の独擅場《どくせん》で、東洋哲学と日本精神のエキスを説いて余蘊《ようん》がなかった。

劉邦《りゅうほう》の幕下の軍司令官・韓信《かんしん》は、軍隊の指揮に関しては多々益々弁じた。坂本龍馬は西郷のことを「大きく叩けば大きく響く」と評した。この夜の討論会における先生の講評は、問題が紛糾すればするほど、いよいよ光彩を放った、というのが、その場にいた私たちの実感であった。

一同、時の過ぎるのが惜しく、夜の更けるのも忘れて名解説に聴き惚れ、とうとう定例行事の夜参（静坐と素読）もとりやめて、各人深い肝銘を覚えつつ寝についたのであった。

「中年の危機――樹に学ぶ人生の五衰」（「師と友」昭和二十八年十一月号）

これは戦時中、篤農協会でなされた講録から「師と友」に再録したものである。

「大成を妨げるもの――〝専門化〟の陥し穴」（山形県師友叢書・第七号より）

本篇は昭和三十七年十一月、山形県羽黒町の東北農家研究所（菅原兵治所長・現在は東北振興研修所）で開かれた企業体青年に対する講演記録から採らせていただいた。原題は「無題――人間というもの」となっている。先生はこの中で「専門家、エキスパートになることは、一面において〝無限の有限化〟であり、〝全《まった》きものを限定する〟ことである」と述べておられる。

第一高等学校を経て、大正十一年に東京帝国大学を卒業した先生は、しばらく文部省に勤めたが、間もなく辞職し、その年の十月に東洋思想研究所を創設された。以来、戦争末期（昭和十九年）に請われて大東亜省の顧問に就任した一時期を除いては、八十六年の生涯をずっと在野で通された。

昔は、一高・東大卒といえば典型的な出世コースで、「末は大臣大将か」と大いに前途を嘱望されたものだ。それが結局、何にもならなかった、世のいわゆる職業人とならなかったのである。それだけに、それなりの人知れぬ苦衷があったと思われる。ある時、こんな述懐をされた――

「僕は大学を出ても続けて官途につかなかったし、会社に就職したわけでもなかった。いわゆる世間的に偉くならなかったので、親戚や郷里の人たちは期待外れで、少なからず失望したらしい」

昭和元年に金雞《きんけい》学院を創立されたが、金雞学院といっても、田舎の人たちには、どんな仕事をしているのやら、よく理解できない。中には、「あの家の息子は主義者（コミュニスト）ではないか」という噂まであったらしい。

ところが昭和七年（三十五歳）、郷里（河内）の母上が危篤で、看病のために帰省したところが、金雞学院や国維会関係の今をときめく要人から、続々とお見舞の品が送られ、病床の隣室に山積されたという。その見舞品の山を眺めて、母上は「正篤《まさひろ》も東京に出て何をしておるやら心配しておったが、これほど偉い人たちからお見舞が届けられるようでは、それなりに人々から信頼されているのだね」といって、安心して逝かれたということである。

〈「有名無力、無名有力」に関連して〉

世間では先生のことをマスコミ嫌いのように思っていた向きもあったが、御本人は決してマスコミを毛嫌いしていたわけではなかった。なにぶん多忙をきわめる毎日だったから、一たびマスコミで喧伝されると、さなきだに忙しい日常がますます忙しくなって、自由な時間がなくなるのを警戒されたわけである。だから、執筆やインタビューの依頼があれば、原則として一切断っておられた。よくそうした依頼を取り次ぐと、おおむね次のような理由を挙げて断るように言われた。

「この歳で、私はまだまだ勉強したいことが山ほどあるんだが、こう忙しくては思うように勉強もできない。それに、もはや残りの時間がだんだん少なくなってきた。一社に応じると他の社に悪いし、新たな依頼を断り切れなくなって、僕は何もできなくなる。またインタビューなどは、専門用語が正確に理解されずに、こちらの意見が間違って報ぜられたりして、無用の誤解を招くおそれもある。――こう言って丁重に断りなさい」

と答えられるのが常だった。世間では、マスコミの脚光を浴びたくて、みずから売り込む〝出たがり屋〟も多いが、先生の場合は全く反対で、驚くべく恬淡《てんたん》であった。

「夢から醒めよ――邯鄲の夢」（「師と友」昭和三十五年五月号）

全国師友協会では昭和三十四年一月から三十八年四月まで、毎週月曜の朝五時から三十分間、ニッポン放送を通じて、講座「暁の鐘」を放送した。講師は安岡会長をはじめ同人の諸家。久保田鉄工の提供であった。本篇はその一回分である。つまらん野心や欲望、かりそめの夢から醒《さ》めて、真実の自己に生きるよう、文字通り「暁の鐘」をついて人々の大覚一番を促すのが狙いであろう。

「運命を展く――人間はどこまでやれるか」（昭和三十九年・全国師友協会刊「青年は是の如く」より）

全国師友協会では、昭和三十四年から毎年七月に全国青年研修会を開催し、安岡会長が喜寿を過ぎた昭和五十年の夏まで続けられた。昭和三十七年からは会場を日光の田母沢会館に一定したが、本講は昭和三十八年七月、日光における四日間の連続講義「青年と読書・学問・求道・人物」の概要で、青年に対する期待が溢れ、情熱のこもった発憤の好資料である。

ちなみに、この中に出てくる中島久万吉翁は師友会初代の会長（当初、安岡先生は顧問であった）で、厳父は明治二十三年、初代の衆議院議長・中島信行である。

「**養生と養心——易学からみた心と体の健康法**」（昭和四十三年四月、日本橋倶楽部における講演記録より）

「**〝敏忙〟健康法**」（「師と友」昭和二十五年十一月号）

先生は縁に応じて接する人々に健康法を伝授し、いわゆる薬師行の功徳を施しておられる。よく研修会などで真向法という健康体操を実演して披露し、とくに若い人たちに「君たちは自分の体ひとつ思うように支配できないで、天下国家を大言壮語しても、人を動かすことは難しいよ」と諭して健康を誇っておられたが、その先生も、喜寿の祝を済ませて間もなく、五十数年も連れ添った夫人を亡くされてから、あの超人的な健康に微妙な翳《かげ》りが兆《きざ》したことは如何ともしがたいことで、何ともいたましい限りであった。

今回もプレジデント社・多田敏雄氏を煩わせて、上梓に漕ぎつけることができた。数十冊の講録を読みこなして、安岡教学の魅力を十分に抽き出してくれたことは有難いことである。改めてその労に敬謝の意を表したいと思う。

昭和六十一年十月二十五日

元全国師友協会事務局長
山口勝朗

※この作品は一九八六年一二月に刊行されたものを新装版化しました。

カバー・表紙写真: ©serena_v - Fotolia.com

［著者紹介］

安岡正篤（やすおか　まさひろ）

明治31年（1898）、大阪市生まれ。
大阪府立四條畷中学、第一高等学校を経て、
大正11年、東京帝国大学法学部政治学科卒業。
東洋政治哲学・人物学の権威。
既に二十代後半から陽明学者として
政財界、陸海軍関係者に広く知られ、
昭和2年に㈶金雞学院、同6年に日本農士学校を創立、
東洋思想の研究と後進の育成に従事。
戦後、昭和24年に師友会を設立、
政財界リーダーの啓発・教化につとめ
歴代首相より諮問を受く。58年12月逝去。

《主要著書》「支那思想及び人物講話」（大正10年）、
「王陽明研究」（同11）、「日本精神の研究」（同13）、
「東洋倫理概論」「東洋政治哲学」「童心残筆」
「漢詩読本」「経世瑣言」「世界の旅」「老荘思想」
「政治家と実践哲学」「新編百朝集」「易学入門」

《講義・講演録》「朝の論語」「活学1～3」「東洋思想十講」
「三国志と人間学」「運命を創る」「運命を開く」ほか。

［新装版《しんそうばん》］安岡正篤《やすおかまさひろ》　人間学講話《にんげんがくこうわ》

運《うん》命《めい》を開《ひら》く

二〇一五年四月四日　第一刷発行

著者　安岡正篤
発行者　長坂嘉昭
発行所　株式会社プレジデント社
〒一〇二-八六四一
東京都千代田区平河町二-一六-一
平河町森タワー一三階
http://president.jp
http://str.president.co.jp/str/
電話　編集　〇三-三二三七-三七三二
　　　販売　〇三-三二三七-三七三一

装丁　岡孝治
編集　桂木栄一
販売　高橋徹　川井田美景
制作　関結香
印刷・製本　中央精版印刷株式会社

ISBN 978-4-8334-2126-3 Printed in Japan